普通高校经济管理类立体化教材·财会系列

会计综合实训

张淑萍　张万英　刘晓辉　孙　波　编著

清华大学出版社
北　京

内 容 简 介

本书在内容上按照最新的会计准则和税收政策组织材料,以制造业企业 12 月份的经济活动为背景,让学生综合运用所学的基本理论、基本知识、基本技能,按会计岗位分工分别担任不同的会计角色,从原始凭证的取得、填制开始,到编制记账凭证、登记账簿、成本计算、编制财务会计报表,在此基础上进行财务报表分析和有关会计核算资料的审计,循序渐进地完成会计手工核算、会计信息化核算、财务管理、审计等工作。通过会计综合实训,使学生对制造业企业的会计工作全过程有一个较系统、完整的认知,增强学生的动手操作能力,提高学生从事会计工作的基本素质,从而使学生具备承担会计各工作岗位的能力,达到"岗位全职、业务全能"的职业培养目标,为将来更好地就业、创业奠定坚实的基础。

本书既可以作为高校财政、经济、管理类专业的会计模拟实训操作教材,也可以作为广大在职财会人员的业务培训教材及会计从业人员的自学参考书。

本书封面贴有清华大学出版社防伪标签,无标签者不得销售。
版权所有,侵权必究。举报:010-62782989,beiqinquan@tup.tsinghua.edu.cn。

图书在版编目(CIP)数据

会计综合实训/张淑萍等编著. 一北京:清华大学出版社,2022.1
(普通高校经济管理类立体化教材. 财会系列)
ISBN 978-7-302-52035-1

Ⅰ.①会… Ⅱ.①张… Ⅲ.①会计学—高等学校—教材 Ⅳ.①F230

中国版本图书馆 CIP 数据核字(2019)第 265421 号

责任编辑:	刘秀青
装帧设计:	李 坤
责任校对:	周剑云
责任印制:	刘海龙
出版发行:	清华大学出版社
网 址:	http://www.tup.com.cn, http://www.wqbook.com
地 址:	北京清华大学学研大厦 A 座 邮 编:100084
社 总 机:	010-83470000 邮 购:010-62786544
投稿与读者服务:	010-62776969, c-service@tup.tsinghua.edu.cn
质量反馈:	010-62772015, zhiliang@tup.tsinghua.edu.cn
课件下载:	http://www.tup.com.cn, 010-62791865
印 刷 者:	北京富博印刷有限公司
装 订 者:	北京市密云县京文制本装订厂
经 销:	全国新华书店
开 本:	185mm×260mm 印 张:14.75 字 数:356 千字
版 次:	2022 年 3 月第 1 版 印 次:2022 年 3 月第 1 次印刷
定 价:	48.00 元

产品编号:074500-01

前　　言

会计学是一门集理论性和技术性于一体的应用型学科。高校会计教育旨在培养高素质的应用型人才，培养学生的综合职业能力，这不仅要求学生理解、掌握会计的基本理论和基本方法，更要将其与会计的实际工作相结合，使学生具备娴熟的操作技能。而会计实践教学是巩固学生会计理论，丰富会计教学内容，提高学生动手能力，培养会计应用型、复合型人才所不可缺少的有效方法和途径。为了提供更丰富的实践教学资料，我们进行了大量的社会调研工作，结合多年的实践教学经验，吸收了同类教材的精华，编写了《会计综合实训》一书。

《会计综合实训》教程包括会计综合实训的总体设计、会计手工核算仿真实训、会计信息化仿真实训、财务管理仿真实训和审计仿真实训五部分内容。

《会计综合实训》教程按照最新的会计准则和税收政策组织材料、筛选经济业务，具有会计核算程序设计科学合理，会计核算资料知识新，会计核算内容仿真性、实用性、综合性、可操作性和可验证性强等特点，适用于高校会计学、财务管理、税收学、会计电算化、审计学等专业学生使用，也可以作为广大在职财会人员业务培训的学习资料。

本书由张淑萍副教授、孙波副教授和刘晓辉副教授共同编写。张淑萍设计全书的总体架构，核算资料的收集，进行了第一篇、第二篇的编写，并与辽宁柞蚕丝绸科学研究院有限责任公司的总会计师宁晓云、辽东学院高级会计师隋玉琴一起进行了经济业务的选择、原始凭证的制作和填制；孙波、张万英完成了第三篇、第四篇的编写；刘晓辉完成了第五篇的编写；张淑萍、孙波对全部经济业务分别进行了会计手工核算和会计信息化核算；高子桓完成本书的核对工作；最后由张淑萍对全书内容进行总纂和定稿。

本书在编写的过程中得到辽东学院商学院的各位领导、辽宁柞蚕丝绸科学研究院有限责任公司财务部的会计人员及刘平副教授的大力支持，也借鉴和参考了会计综合实训方面的诸多著作，在此表示衷心的感谢。

由于编者的水平和经验有限，书中难免存在不足和疏漏之处，敬请读者批评指正。

编　者

目　录

第一篇　会计综合实训的总体设计 1
- 一、实训的目的、要求和组织 2
- 二、模拟企业简介 4
- 三、模拟实训的内容和程序 11
- 四、模拟企业核算资料 15

第二篇　会计手工核算仿真实训 49
- 一、建账 50
- 二、填制与审核原始凭证 50
- 三、填制与审核记账凭证 50
- 四、登记日记账 50
- 五、登记各种明细分类账 50
- 六、编制科目汇总表 50
- 七、登记总分类账 51
- 八、对账与结账 51
- 九、编制财务报告 51
- 十、整理装订会计资料 51

第三篇　会计信息化仿真实训 53
- 一、总账系统 54
- 二、会计信息化核算流程 55

第四篇　财务管理仿真实训 63
- 一、实训资料 64
- 二、实训的内容和要求 65
- 三、实训程序 65

第五篇　审计仿真实训 67
- 一、实训需要有关资料 68
- 二、实训的内容和要求 68
- 三、财务报表审计的基本程序 69

第六篇　经济业务原始凭证 73

参考文献 229

第一篇

会计综合实训的总体设计

一、实训的目的、要求和组织

(一)会计综合实训的目的

会计综合实训以企业经济活动为背景,让学生综合运用所学的基本理论、基本知识、基本技能,按会计业务分工分别担任不同的会计岗位角色,从原始凭证的取得、填制开始,到编制记账凭证、登记账簿、成本计算、编制财务报表,在此基础上进行财务分析和有关会计核算资料的审计,循序渐进地完成会计手工核算、会计信息化核算、财务分析直至会计报表审计等工作。通过会计综合实训,不仅能使学生掌握会计核算的方法与技能,而且能使学生对企业的会计工作全过程有一个较系统、完整的了解,能提高学生的动手操作能力,培养学生从事会计工作应具备的基本素质和工作作风;通过对会计业务的处理分析,可以开拓学生的思维;通过不同会计岗位之间的配合,可增强学生在实际工作中的协调能力和团队精神,加深对会计工作、会计职业的认知,并在会计业务处理、财务报表分析和审计程序的执行过程中锻炼学生专业知识的综合运用能力,为将来更好地适应实际会计工作奠定坚实的基础。

(二)会计综合实训的要求

(1) 熟悉模拟企业概况、模拟企业会计政策和会计核算规定。

(2) 以企业实际发生的经济业务为综合实训的内容。在现实经济活动中,由于各企事业单位的情况不同,经济业务纷繁复杂,不可能把企业的经济业务全部列入综合实训的内容中来,只能选择其中具有代表性的基本经济业务作为会计综合实训的内容,通过对这些经济业务的账务处理,掌握处理经济业务的基本操作方法。

(3) 以企业实际会计部门使用的证、账、表为综合实训用品。通过对实际会计部门会计核算的程序、方法和所使用的证、账、表进行综合实训,可以增强实训的真实性,有助于获得感性认识,开阔视野。

(4) 以现行的会计法规、准则、制度、规定为依据,进行会计事项的处理。在实训中,对于每一项经济业务的处理,都要依据有关的规定进行,依据审核无误的原始凭证或者原始凭证汇总表编制记账凭证,并据以登记账簿,编制财务报表。

(5) 按照标准、规范的格式进行文字、数字的书写。会计工作对于文字书写的基本要求是:内容简明扼要、准确,字迹工整、清晰;会计数码必须采用规范的手写体书写,这样才能使会计数字规范、清晰,符合《会计基础工作规范》的要求。

(6) 把握好每个实训项目的目的和要求,严格按照要求和程序进行操作,遵守会计职业道德。在实际操作中,以一定人数的学员为一组,组成一个"财务部",每岗一人,定期轮换,使学生得到全面的操作训练,强化学生的业务素质,锻炼学生的协调配合、综合操作能力。

(7) 进行实训的学生,应以端正、认真的态度以及高度的责任心进入实验角色,并在实训指导教师的安排和指导下,严格按实训操作程序进行,保证实训操作的正确性。

(8) 将所学理论知识与实际相联系,灵活运用所学的理论知识,独立思考,开展讨论,在规定的时间内及时完成实训任务,完成实训规定的全部内容。

(9) 实训完成后,学生找出自身状况与社会实际需要的差距,以便及时补充相关知识,为求职及参加工作做好知识、能力准备。

(三)会计综合实训的组织

1. 实训准备

(1) 知识准备。本课程是对前期开设的"基础会计""中级财务会计""成本会计""税法""税务会计""财务报表分析""审计""会计综合模拟实验""审计综合模拟实验""会计信息系统实验"等课程学习情况的综合检查,是上述知识的综合运用。

(2) 物资准备。实训用原始凭证、记账凭证(使用专用凭证)、科目汇总表、账簿(包括日记账、总账及各种明细账)、会计凭证封皮、账绳、实训报告、资料袋等统一提供;个人准备算盘、计算器、笔(包括红色笔)、胶水(棒)、剪刀、夹子等用品。

(3) 场地准备。为了达到仿真实训效果,需要配备专门的实训场地,进入会计模拟实训室进行操作。

2. 实训方式

实训方式采用"分岗式"的运行方式,即按原型单位财务部门的业务分工,将学生分成相应的若干小组,先后以相应的会计人员身份,轮换地参加不同核算部分的模拟操作。

3. 实训的组织实施

为了保证会计综合实训的顺利进行,需配备综合实训指导教师,指导教师的主要工作是安排实训日程,讲解实训操作的各个环节应注意的各种问题,指导实训操作并为学生答疑解难,履行外协机构职能,评阅实训成绩。

学生组成综合实训小组,根据教程的特点及工作量的大小,每个实训小组由5~6人组成,形成一个模拟的会计机构。为达到仿真的目的,根据实际工作中的会计岗位及实训小组的人员数量,各小组内的成员应进行合理的分工。为了使小组内各成员较全面地掌握各会计工作岗位的内容及各种经济业务的核算,建议每完成5天的经济业务交换一次岗位。

外协机构是为了尽可能使实训达到全方位训练的效果,代行银行职能、纳税申报大厅职能,以及代行交易对方和企业内部其他部门的职能。可由2~3人组成,分工并定期进行岗位交换。

4. 实训课时

整个实训共需160学时,其中,会计手工核算仿真实训和会计信息化仿真实训共需130

学时，财务管理仿真实训和审计仿真实训各需 15 学时。

5. 成绩考核

实训成绩考核，由指导教师根据实训成果按考核评定标准，并结合学生的出勤和实际表现综合评定。

实训成果分实训小组成果和个人成果两部分。实训小组成果的评定成绩占总成绩的 60%，个人成果的评定成绩占总成绩的 40%。实训小组成果包括：月份手工会计核算凭证、账簿、报表，月份的会计信息化资料，一份财务分析报告及一份审计报告。个人成果除每个岗位的实训日志(要求每次岗位轮换后及时上交)外，还有考勤记录及平时表现情况记录。考核成绩采用五级分制。

二、模拟企业简介

(一)模拟企业概况

1. 企业基本信息

企业名称：锦华丝绸服装有限公司

地　　址：汉东市江北路 168 号

企业单位编码：0622345111688

电话号码：0425-2883116

注册资金：660 万元人民币，其中，锦华集团 462 万元，公司董事长李明光 132 万元，副董事长庞庆祥和赵红各 33 万元。

经营范围：生产、销售真丝服装

开户银行：工商银行汉东分行江北路分理处

账　　号：012345600000

纳税人登记号：200456789666666

法定代表人：李明光

预留印鉴：

企业财务专用章： 　　　　法定代表人章：

2. 公司的生产组织

该公司在册职工人数 180 人，设有采购部、生产经营部、营销部、财务部、研发部和综合办公室 6 个部门。采购部下设原料库；营销部下设成品库；生产经营部下设服装生产车间和质检包装车间，负责生产、质检和包装真丝服装系列产品；为配合企业的生产，另设机修车间和供电车间两个辅助生产部门，负责机器修理和配电服务，为全公司提供生产服务。

公司的生产类型为连续式多步骤生产，生产用原料系生产开始一次投入，由基本车间生产成产品，经质检人员检验后交成品库验收入库待售(公司不设置半成品库)。公司生产经营流程如图 1-1 所示。

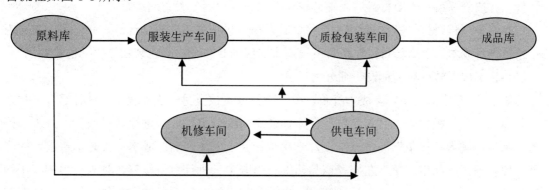

图 1-1　生产经营流程

3. 公司生产产品的种类

(1) 男士真丝服装系列产品：男士真丝睡衣，男士真丝印花睡衣，男士真丝印花睡袍。
(2) 女士真丝服装系列产品：女士真丝睡衣，女士真丝印花睡衣，女士真丝印花睡裙。

(二)模拟企业财务制度设计

总　　则

第一条　根据《企业会计准则》公司章程及董事会决议制定本制度。

第二条　本制度是在遵循国家有关财务、会计准则的前提下，针对本公司的生产经营特点制定的适合本公司发展需要的内部财务制度。本公司的各部门、各位员工都应遵照执行。

会 计 核 算

第三条　本公司根据业务情况，实行集中核算形式，其会计核算选用科目汇总表核算组织程序，每半月编制科目汇总表，并据以登记总分类账。

第四条　本公司为独立核算的法人，设置总分类账一本，序时账两本(即现金日记账和银行存款日记账)，明细账若干本。序时账、总分类账账簿采用订本式，明细分类账簿采用活页式。

对于固定资产采用卡片账进行明细核算，同时设置固定资产明细账，记载各种固定资

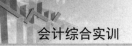

产的详细资料及变动情况。

对各种有价证券设置备查簿，登记有价证券的详细资料及变动情况。

第五条 原材料采用计划成本进行计价。材料仓库根据采购部提供的有关单据，办理入库手续。采购的材料按品种进行明细核算；采购费用按原材料数量分配计入采购成本。平时材料入库、出库，要根据"收料单"和"领料单"在明细分类账中进行数量登记，月末财务部根据收发料凭证，分别编制"收料凭证汇总表"和"发出材料汇总表"，进行收发料业务的核算，材料成本差异月末一次结转。其他涉及的材料成本"差异"按月初材料成本差异率随时结转。"原材料"科目下设三个二级科目核算，即"原料及主要材料""辅助材料""包装材料"，二级科目下按材料名称设明细分类科目。设置"材料成本差异"科目，并按"原料及主要材料""辅助材料""包装材料"设置明细账。

第六条 周转材料采用实际成本计价，其发出单价按先进先出法计算，并采用一次摊销法结转当月成本。"周转材料"科目下设两个二级科目核算："包装物""低值易耗品"，二级科目下按周转材料名称设明细分类科目。

第七条 产成品采用实际成本计价，发出商品成本按全月一次加权平均法计算。平时完工入库的产品，根据"产品入库单"在库存商品明细分类账中只进行数量核算，月末根据"产品生产成本计算单"的计算结果，一次结转完工入库产品的成本。平时销售出库的产品，要根据"产品出库单"在库存商品明细分类账中只进行数量核算，月末采用加权平均法计算、结转已销产品的成本。计算时，先按加权平均单价乘以结存数量计算期末结存存货金额，然后再倒算出当期产品销售成本。

设置"库存商品"科目，按产品品名设明细分类科目。

第八条 采用品种法计算产品成本。使用相同材料的产品成本，按材料消耗定额在男女真丝服装之间进行分配。

设置"生产成本"一级科目进行成本核算。按"基本生产成本""辅助生产成本"设置二级账，"基本生产成本"按产品品种设置明细账，"辅助生产成本"按车间设置明细账。

第九条 "基本生产成本"设置以下三个成本项目：直接材料，生产过程中实际耗用的材料等；直接人工，直接从事产品生产人员的职工薪酬；制造费用，生产车间为组织和管理生产所发生的费用。

第十条 要素费用的核算。生产耗用材料根据投产量和定额消耗资料领用，每旬领用一次，材料领料凭证为"领料单"。共同耗用原料及主要材料费用按定额耗用量比例分配法在各产品之间进行分配，辅助材料及包装材料费用按消耗的原料及主要材料定额比例进行分配，人工费用按生产工时比例分配法进行分配。

第十一条 辅助费用核算。辅助车间发生的费用在"辅助生产成本"账户中核算，并按车间名称设明细账进行核算。不单独核算辅助车间发生的制造费用。月末计算各车间发生的辅助生产费用，并根据原始记录有关资料，按直接分配法在各受益单位之间进行分配。

第十二条 制造费用核算。制造费用分别按车间设置明细账，基本生产车间发生的各种间接费用按生产产品的生产工时进行分配。

第十三条 在产品成本的计算。在产品成本按约当产量法计算，完工程度50%，原材料在生产开始时一次投入。

第十四条 在核算过程中所有分配率保留四位小数，分配金额保留至分位，尾数由最后一项调整。

第十五条 公司于每月9日根据各部门提供的"职工工资表"(一式两联，一联交公司，一联各部门留存)填制"职工工资结算汇总表"，计算并发放工资。

若公司银行存款不足以发放工资，可通过银行借款等方式筹集资金发放工资。

第十六条 工资制度采用月薪制，各部门按上月考勤记录及公司财务制度有关规定计算；企业决定的代发款项随同工资发放；各种代扣款项在结算工资时扣除。工资费用的分配采用收付实现制。

日工资按月基本工资除以21天计算，工资项目主要由基本工资、岗位工资、津贴补贴、养老保险金、医疗保险金、失业保险金、公积金、个人所得税、请假天数构成。加班工资、病事假应扣工资均以日工资为基础计算，加班工资和事假工资均按日工资全额发放或扣取；公假、产假、丧假、婚假不扣工资；病假工资按规定的扣取比例扣取(见表1-1)。

表1-1 六个月以内病假期间工资待遇的有关规定

工　龄	满2年	满2年不满4年	满4年不满6年	满6年不满8年	8年以上
发放比例	60%	70%	80%	90%	100%

物价补贴每人80元，夜班补助每人20元。月奖金发放金额根据效益情况而定，缺勤1～10天，每天扣10元，超过10天停发奖金。公假工资照发，奖金照付。

第十七条 员工应按照国家规定缴纳个人所得税，员工在公司取得收入的个人所得税由公司按规定统一扣缴。代扣的个人所得税计入"应交税费——应交个人所得税"核算。个人所得税的计算公式：

应纳个人所得税税额=应纳税所得额×适用税率-速算扣除数

第十八条 社会保险费和住房公积金的核算：社会保险费和住房公积金按国家规定的基准和比例计算提取(社会保险费和住房公积金的计提基数每年调整一次，本书假设社会保险费和住房公积金的计提基数为11月份应付工资总额)。其中，企业应交纳的各项保险和住房公积金，按下列比例计提：养老保险为20%，失业保险为2%，医疗保险为8%，生育保险为0.8%，工伤保险为0.6%，住房公积为5%。个人应交纳的各项保险和住房公积金，按下列比例计提：养老保险为8%，失业保险为1%，医疗保险为2%，住房公积为5%。

第十九条 固定资产采用平均年限法，并采用分类折旧的办法按月计提。

第二十条 无形资产的摊销按预计使用年限平均摊销。

第二十一条 长期待摊费用按5年平均摊销。

第二十二条 各项资产减值的计提方法：实行备抵法，采用单个项目计算并提取。坏账准备按年末应收款项余额的 0.5%计提。

第二十三条 各种金融资产和金融负债的溢价和折价摊销采用实际利率法进行核算。

第二十四条 本企业为一般纳税人，其中，增值税税率分别为 13%、9%、6%，城市维护建设税税率为 7%，教育费附加征收率为 3%，所得税税率为 25%。上述各种税费于各月月末计算，按规定于次月 15 日内缴纳。

第二十五条 企业按应付工资总额的 2%计提工会经费，按 8%计提职工教育经费。

第二十六条 本公司业务所涉及的相关税种及税率：

印花税按规定计算缴纳。

房产税按房屋类固定资产的月初原值扣减 30%后的余额，以年税率 1.2%按月缴纳，其中职工住房可减征 50%房产税。

土地使用税按企业占地面积乘以适用纳税标准按月缴纳，纳税标准为每平方米 12 元。

车船使用税按公司实际使用车辆吨(座)位数及相关纳税标准按年缴纳。

第二十七条 所得税采用资产负债表债务法进行核算。所得税税率为 25%，所得税采用按季预交，年终汇算清缴的办法。

第二十八条 长期借款利息按月预提，按季支付，年利率 9.6%；短期借款利息按月支付。

第二十九条 董事会会费按应付工资总额的 2%列支。

第三十条 销售收入的确认。国内销售采用支票、银行汇票、商业汇票、汇兑等方式结算货款或赊销的，均在开出发票并发出产品以后确认销售收入；若采用托收承付结算方式的，则应在开出发票并向银行办妥托收手续后确认销售收入。

国外销售采用信用证结算方式结算货款的，在开具商业发票，备齐有关单证，连同买方银行开出的信用证一起提交银行办理结算后，作为销售实现。

第三十一条 公司对外报送资产负债表、利润表、现金流量表、所有者权益(股东权益)变动表及附注。对内报送成本表、费用表等。

公 司 财 务

第三十二条 现金出纳制度。严格遵守《现金管理条例》和《银行结算制度》，对于库存现金、银行存款和其他货币资金由专职的出纳人员负责保管；并由出纳人员按照经济业务发生的先后顺序登记库存现金日记账和银行存款日记账，做到日清月结；按月与开户银行核对银行存款收支账项，编制银行存款余额调节表。本公司库存现金限额 5 000 元。凡用现金结算的业务，本公司必须将收回的现金及时送存银行。

第三十三条 结算制度。公司对外结算遵守国家有关结算制度和管理条例规定；公司内部各部门之间的结算均通过财务部进行。凡是付出款项在 30 000 元以内的(含 30 000 元)，由财务部长审批；30 000~200 000 元的(含 200 000 元)，由副总经理审批；超过 200 000 元的，一律由副总经理和财务部长共同审批方能支付。

第三十四条 存货管理制度。原材料由采购部按生产计划组织采购，购入的货物均由质量检测员负责验收。存货的日常收付业务实行永续盘存制。

商品本地销售采用提货制，外地销售采用发货制。商品销售由营销部根据销货合同填制销售通知单、开出发票，成品库填制产品出库单，财务部根据营销部转来的发票、运费垫支通知单、产品出库单等单据办理销售业务的核算。

第三十五条 费用审批报销制度。本公司一切报销单据均需做到一单三签字：经手人、证明人、审批人签字。有明确标准的费用报销由财务部长签字即可；此外的一切费用均应由副总经理审批。

第三十六条 复核及内审制度。设专职复核员一人，对所有凭证的填制、记账和报表编制工作进行复核，并在复核后的单、表上签名或盖章。年末由监事会组织专人对全年财务工作进行系统审计。

第三十七条 备用金制度。实行非定额备用金制。差旅费报销标准：住宿标准，公司领导每人每日 500 元，部门负责人每人每日 350 元，职员每人每日 200 元。出差伙食费补贴每人每日 100 元。交通补贴每人每日 20 元。话费补贴每人每日 10 元。职工出差经批准乘坐的各种交通工具费用及与出差相关的各种杂费可据实报销。遇特殊情况需乘坐飞机，应经总经理审批方可报销。订票费在票面余额 20%以内的部分可报销；旅游门票、招待票等不得报销。

第三十八条 利润分配制度。本公司年终利润分配，根据当年盈利情况和股东大会决议，按一定比例分配，对投资者的股利分配按出资比例计算。

第三十九条 各项提留均于年末一次进行。本公司按本年盈利的 10%提取法定盈余公积，按股东大会决议提取任意盈余公积。

附　　则

第四十条 本制度的修订、解释权归公司财务部。

第四十一条 本制度从发布之日起施行。

(三)会计岗位设置及岗位职责

锦华丝绸服装有限公司会计岗位设为 9 个，即会计主管、出纳、销售核算、成本费用核算、财产物资核算、往来核算、稽核、资金核算岗位、总账及报表岗位。各会计岗位职责如下。

1. 会计主管岗位的职责

(1) 具体领导公司财务会计工作。

(2) 组织制定、贯彻执行本公司的财务会计制度。

(3) 组织编制本公司的各项财务、成本计划。

(4) 组织开展财务成本分析。

(5) 审查或参与拟订经济合同、协议及其他经济文件。

(6) 参加生产经营管理会议，参与经营决策。

(7) 负责向本公司领导、职工代表大会报告财务状况和经营成果。

(8) 审查对外报送的财务会计报告。

(9) 负责组织会计人员的政治理论、业务技术的学习和考核，参与会计人员的任免和调动。

2. 出纳岗位职责

(1) 负责现金的收付。

(2) 负责银行票据的填制、银行存款收付凭证的填制。

(3) 负责登记现金日记账、银行存款日记账。

(4) 每日盘清库存现金，保管库存现金和各种有价证券。

(5) 保管有关印章、空白支票。

(6) 负责接收各项银行到款进账凭证，并传递到有关的制单人员。

(7) 完成领导交办的其他任务。

3. 销售核算岗位

(1) 负责登记主营业务收入、其他业务收入、税金和附加及其他损益类明细账簿。

(2) 负责销售业务、现金折扣、销售退回等相关业务的处理，根据实际情况对收入进行预算和计划。

(3) 负责登记股本(实收资本)、资本公积、盈余公积、本年利润、利润分配等所有者权益类明细账簿。

(4) 负责应交税费中的增值税、消费税、企业所得税及其他税种的计算与纳税申报。

4. 成本费用核算岗位

(1) 计算原材料的实际采购成本。

(2) 负责工资与奖金的分配与核算。

(3) 负责工资中个人所得税的计算并进行纳税申报。

(4) 负责计算提取工会经费、职工教育经费、社会保险费和住房公积金的计提与缴纳。

(5) 负责产品生产成本的计算。

(6) 负责登记生产成本、制造费用、管理费用、财务费用以及其他成本类明细账簿。

5. 财产物资核算岗位

(1) 会同有关部门拟定财产物资的核算与管理办法。

(2) 审查汇编财产物资的采购资金计划。

(3) 负责财产物资的明细核算。

(4) 会同有关部门编制材料物资计划成本目录。

(5) 配合有关部门制定材料物资消耗定额。

(6) 参与材料物资的清查盘点。

6. 往来核算岗位

(1) 建立往来款项结算手续制度。

(2) 办理往来款项的结算业务。

(3) 负责往来款项结算的明细核算。

7. 稽核岗位

(1) 负责审核实际发生的经济业务或财务收支是否符合现行法律、法规、规章制度的规定。

(2) 负责审核会计凭证。

(3) 负责审核单位自制原始凭证的填制内容。

8. 资金核算岗位

(1) 拟定资金管理和核算办法。

(2) 编制资金收支计划。

(3) 负责资金调度。

(4) 负责资金筹集的明细分类核算。

(5) 负责企业各项投资的明细分类核算。

9. 总账及报表岗位

(1) 负责科目汇总表的编制。

(2) 负责总账的登记和结账。

(3) 进行总账试算平衡。

(4) 安排各会计人员核对总账与明细账，保证账证、账账和账实相符。

(5) 编制会计报表和相关报告。

(6) 保管会计凭证、账簿、报表及其他重要会计档案。

三、模拟实训的内容和程序

(一)实训小组分工及实验内容

本实训由学生分组进行，实训小组每组成员 6 人，各组成员根据岗位职责和分工安排完成相应工作内容。根据各岗位工作量大小，建议分工如下。

1. 实训岗位 1

担任"会计主管岗位""总账及报表岗位"两个岗位工作。
会计主管岗位实训内容：

(1) 审核本公司的一切资金收付。

(2) 指导和监督前述各岗位的工作以使其合法合规。

(3) 组织财务部全面工作,进行财务管理。

总账及报表岗位实训内容:

(1) 开设所有的总账,编制科目汇总表,并据以登记总账、对账、结账和试算平衡。

(2) 定期编报资产负债表、利润表、现金流量表、所有者权益变动表及附注。

(3) 整理会计档案。

2. 实训岗位 2

担任"出纳岗位"工作。

出纳岗位实训内容:

(1) 核算报销各部门的费用,填制各类结算凭证。

(2) 开设登记库存现金日记账并定期盘点,开设登记银行存款日记账并定期对账。

3. 实训岗位 3

担任"销售核算岗位"工作,同时兼任公司营销业务人员、成品库保管员工作。

销售核算岗位实训内容:

(1) 开设"主营业务收入""其他业务收入""营业外收入""主营业务成本""其他业务成本""营业外支出""销售费用""税金及附加"明细账。

(2) 进行销售业务的核算,编制记账凭证,登记明细账。

(3) 开设有关所有者权益类明细账,计算结转本年损益,进行利润分配的核算。

4. 实训岗位 4

担任"成本费用核算岗位"工作,同时兼任各部部长、车间主任、车间统计员工作。

成本费用核算岗位实训内容:

(1) 开设"生产成本""制造费用"明细账。

(2) 开设"管理费用""财务费用""资产减值损失"等明细账,进行除"主营业务收入""其他业务收入""主营业务成本""其他业务成本""销售费用""税金及附加"以外的其他损益项目的核算。

(3) 计算车间发生的材料、人工等费用,填制有关费用分配表,编制有关记账凭证,据以登记"基本生产成本"明细账及"制造费用"明细账。

(4) 分配辅助生产费用,归集和分配基本生产车间的制造费用。

(5) 归集生产费用,分配计算完工产品与月末在产品成本,填制完工产品成本计算单。计算结转完工产品成本,并编制结转完工产品成本的记账凭证。

5. 实训岗位 5

担任"财产物资核算岗位"工作,同时兼任公司采购业务人员、原料库保管员工作。

财产物资核算岗位实训内容：

(1) 向财务经理申请采购资金；财务经理核批后办理采购业务；编制采购业务记账凭证。

(2) 开设"材料采购""原材料""材料成本差异"明细账；核算材料采购成本，并计算结转购入材料成本差异，进行材料收发业务和材料成本差异结转的核算。

(3) 开设"周转材料"等明细账，进行周转材料收发和价值摊销的核算。

(4) 开设"库存商品"明细账，进行库存商品收发业务的核算。

(5) 开设"固定资产""在建工程"明细账，进行固定资产和在建工程的增减核算。

(6) 核算企业除采购、销售、产品生产等以外的其他业务。

6. 实训岗位6

担任"稽核岗位""资金核算岗位""往来核算岗位"三个岗位工作。

稽核岗位实训内容：

(1) 审核经济业务或财务收支是否符合现行法律、法规、规章制度的规定。

(2) 审核所有的记账凭证及明细账。

资金核算岗位实训内容：

(1) 进行资金平衡，如有需要筹集资金。

(2) 开设交易性金融资产、持有至到期投资、长期股权投资、应付债券、短期借款、长期借款的明细账，进行明细核算。

(3) 进行债券利息、投资收益的明细核算。

往来核算岗位实训内容：

(1) 开设有关往来类账户的明细账，进行有关应收应付款、应交税费、应付股利、应付利息、应付职工薪酬等明细核算。

(2) 根据企业各部门的"职工工资结算表"填制"职工工资结算汇总表"，并编制记账凭证进行职工薪酬发放的核算。

(3) 开设、登记所有的三栏明细账。

(二)外协机构设置及实训内容

实训中外协机构设岗位4个，即银行机构、税务机构、往来单位、企业内部其他部门。可安排学生组成2~3人实训小组，并定期轮换岗位；也可由实训人员担任。

1. 银行机构

(1) 履行作为锦华丝绸服装有限公司开户银行的职责，受理锦华丝绸服装有限公司的有关业务，进行相关核算，并要求按期对账。

(2) 代理往来单位开户银行职责，按要求将有关原始凭证归档。

2. 税务机构

(1) 办理与锦华丝绸服装有限公司有关的一切税务事项。

(2) 按要求将有关原始凭证归档。

3. 往来单位

(1) 办理与锦华丝绸服装有限公司及其开户银行有关的一切事项。

(2) 按要求将有关原始凭证归档。

4. 企业内部其他部门

(1) 办理有关的一切事项。

(2) 按要求进行有关原始凭证的填制与传递。

(三)实训的程序

实训步骤分准备、仿真综合实训、总结三个阶段。其中仿真综合实训阶段，按照企业选用的会计核算组织程序和资料的设计，分若干步骤进行。

1. 准备阶段

(1) 由实训指导教师作实训动员，使学生对会计综合实训有一个明确的认识，明确实训目的、实训的基本要求和实训的组织。

(2) 指导学生学习企业会计政策，熟悉模拟企业的基本情况、实训程序等。

(3) 按实训计划将学生划分为若干实训小组，按实训岗位设置进行分工，明确每一名学生的实训任务。

(4) 组织学生学习实训资料，熟悉各岗位的会计核算内容与核算程序。

(5) 发放综合实训用品。

2. 仿真综合实训阶段

(1) 开设账户。学生按自己所担任岗位的会计核算内容开设相关账户。注意，为了简化核算程序，银行机构只需开设锦华丝绸服装有限公司的银行账，往来单位和税务机构只进行有关凭证的填制与传递，不需开设账户。

(2) 会计手工账务处理。按照规定的程序核算12月份的经济业务，并填写实训日志。每5天的经济业务完成后，各综合实训小组应召开一次研讨会，总结前期实训的成绩及存在的问题，对下一步的实训提出改进建议，并交接工作，进行岗位轮换。

(3) 会计信息化实务处理。在老师的指导下，学生将手工会计处理的有关业务在会计软件系统中进行相应的处理，完成初始化处理、凭证输入、记账、对账、结账、编制报表等程序。将电子报表与手工编制的报表进行核对，对存在的差异进行分析，找出会计处理中存在的问题。

(4) 财务分析。各实训小组对年度财务报表进行分析，编写财务分析报告。

(5) 审计。各实训小组采用交叉审计方式，对其他组的会计信息资料按照审计程序进行审计，出具审计报告。

3. 总结阶段

各实训小组整理资料上交，同时各位学生上交实训日志和实训报告。

四、模拟企业核算资料

(一)基础数据

1. 部门档案(见表1-3)

表1-3　部门档案

部门编码	部门名称	部门属性
1	综合办公室	
2	财务部	
3	营销部	
301	成品库	
4	采购部	
401	原料库	
5	生产经营部	
501	基本生产车间	
5011	服装生产车间	
5012	质检包装车间	
502	辅助生产车间	
5021	机修车间	
5022	供电车间	
6	研发部	

2. 职员档案(见表1-4)

表1-4　职员档案

人员编码	姓名	行政部门	人员类别	性别	备注
01	李明光	综合办公室	管理人员	男	企业法人代表
102	庞庆祥	综合办公室	管理人员	男	
103	赵红	综合办公室	管理人员	女	
104	吴梦莹	综合办公室	管理人员	女	

续表

人员编码	姓名	行政部门	人员类别	性别	备注
201	***	财务部	管理人员	男	财务部长
202	***	财务部	管理人员	女	出纳员
203	***	财务部	管理人员	男	会计人员
204	***	财务部	管理人员	男	会计人员
205	***	财务部	管理人员	女	会计人员
301	高安康	营销部	管理人员	男	营销部长
302	周 迪	营销部	销售人员	男	
303	潘杰云	营销部	销售人员	男	
304	万 新	成品库	管理人员	男	
401	黄泽文	采购部	管理人员	男	采购部长
402	邹腾达	采购部	管理人员	男	
403	齐 威	采购部	管理人员	男	
404	李 凡	原料库	管理人员	男	
501	王 东	生产经营部	管理人员	男	生产经营部部长
601	谢远成	服装生产车间	管理人员	男	车间主任
602	张向东	服装生产车间	管理人员	男	
603	袁海强	服装生产车间	生产人员	女	
604	赵进伟	服装生产车间	生产人员	男	
701	乔 伟	质检包装车间	车间管理人员	男	车间主任
702	赵 波	质检包装车间	车间管理人员	女	
703	黄永瑞	质检包装车间	生产人员	男	
704	赵建平	质检包装车间	生产人员	男	
801	岳宏亮	机修车间	车间管理人员	男	车间主任
802	张鹏伟	机修车间	车间管理人员	男	
803	任利宏	机修车间	生产人员	男	
804	李 江	机修车间	生产人员	男	
901	刘旭东	供电车间	车间管理人员	男	车间主任
902	吕志慧	供电车间	车间管理人员	男	
903	刘顺龙	供电车间	生产人员	男	
904	安永明	供电车间	生产人员	男	
1001	宋志军	研发部	管理人员	男	研发部长
1002	王兆建	研发部	管理人员	男	

3. **人员类别**

在"在职人员类别"下增加管理人员、销售人员、车间管理人员、生产人员类别。

4. 供应商档案(见表1-5)

表1-5 供应商档案

供应商编码	供应商名称	供应商简称	开户银行	税务登记号
001	华美丝绸有限公司	华美公司	工行深圳市罗湖支行	260725661233568
002	上海丝盟丝绸有限公司	上海丝盟公司	工行上海徐汇区支行	234778890612345
003	浙江华盛丝绸有限公司	浙江华盛公司	建行杭州市拱墅支行	235465865255644
004	苏州梅迪丝绸有限公司	苏州梅迪公司	工行苏州市吴江支行	223820012756896
005	黎明服装辅料厂	黎明服装辅料厂	工行沈阳市三好街支行	233820012751230
006	奇幻纽扣厂	奇幻纽扣厂	工行沈阳市皇姑支行	223820012751145
007	汉东装潢印刷厂	汉东装潢印刷厂	工行汉东市震泽支行	20045612756665
008	铁路汉东分局	铁路汉东分局	工行汉东市震泽支行	20045612756124
009	顺达运输公司	顺达运输公司	工行汉东市震泽支行	20045612756358

5. 客户档案(见表1-6)

表1-6 客户档案

客户编码	客户名称	客户简称	开户银行	开户银行账号	税务登记号
001	上海益桥服装商场	上海益桥商场	建行上海虹口支行	21035851825587	210363639465996
002	中友百货有限责任公司	中友百货公司	建行北京西单支行	91012751801456	210362525465878
003	沈阳新世界百货有限公司	沈阳新世界公司	工行沈阳和平区支行	56694751801456	260725661233568
004	大连友谊商城	大连友谊商城	工行大连中山支行	121035851825633	210163639465233

6. 计量单位组与计量单位(见表1-7和表1-8)

表1-7 计量单位组

计量单位组编码	计量单位组名称	计量单位组类别
01	无换算关系组	无换算率

表1-8 计量单位

计量单位编号	计量单位名称	所属计量单位组名称
01	米	无换算关系组
02	件	无换算关系组
03	套	无换算关系组
04	个	无换算关系组
05	轴	无换算关系组
06	盒	无换算关系组

续表

计量单位编号	计量单位名称	所属计量单位组名称
07	卷	无换算关系组
08	瓶	无换算关系组
09	打	无换算关系组
010	把	无换算关系组

7. 存货档案(见表1-9)

表1-9 存货档案

存货编码	存货名称	计量单位组名称	主计量单位名称	属 性
001	真丝针织面料	无换算关系组	米	外购、生产耗用
002	真丝针织印花面料	无换算关系组	米	外购、生产耗用
003	无纺衬	无换算关系组	米	外购、生产耗用
004	贝壳扣	无换算关系组	盒	外购、生产耗用
005	缝纫线	无换算关系组	轴	外购、生产耗用
006	花边	无换算关系组	米	外购、生产耗用
007	商标	无换算关系组	个	外购、生产耗用
008	洗唛	无换算关系组	个	外购、生产耗用
009	说明书	无换算关系组	个	外购、生产耗用
010	吊牌	无换算关系组	个	外购、生产耗用
011	吊粒	无换算关系组	个	外购、生产耗用
012	塑料袋	无换算关系组	个	外购、生产耗用
013	封箱纸	无换算关系组	卷	外购、生产耗用
014	男士真丝睡衣	无换算关系组	套	内销、外销
015	男士真丝印花睡衣	无换算关系组	套	内销、外销
016	男士真丝印花睡袍	无换算关系组	件	内销、外销
017	女士真丝睡衣	无换算关系组	套	内销、外销
018	女士真丝印花睡衣	无换算关系组	套	内销、外销
019	女士真丝印花睡裙	无换算关系组	件	内销、外销
020	包装盒	无换算关系组	个	外购、生产耗用
021	手提袋	无换算关系组	个	外购、生产耗用
022	包装箱	无换算关系组	个	外购、生产耗用
023	剪刀	无换算关系组	把	外购、生产耗用
024	润滑油	无换算关系组	瓶	外购、生产耗用
025	机油	无换算关系组	瓶	外购、生产耗用
026	抹布	无换算关系组	打	外购、生产耗用

8. 会计科目

参阅期初数据中的科目期初余额表。

9. 凭证类别

设一类记账凭证，无限制科目。

10. 结算方式(见表 1-10)

表 1-10 结算方式

结算方式编码	结算方式名称	票据管理
1	支票	否
101	现金支票	否
102	转账支票	否
2	汇票	否
201	银行汇票	否
202	商业汇票	否
2021	商业承兑汇票	否
2022	银行承兑汇票	否
3	汇兑	否
301	电汇	否
302	信汇	否
4	委托收款	否
5	托收承付	否

11. 仓库档案(见表 1-11)

表 1-11 仓库档案

仓库编码	仓库名称	计价方式
01	原料库	计划成本计价
02	成品库	月末一次加权平均法
03	周转材料库	先进先出法

12. 收发类别(见表 1-12)

表 1-12 收发类别

收发类别编码	收发类别名称	收发标志	收发类别编码	收发类别名称	收发标志
1	正常入库	收	3	正常出库	发
11	采购入库	收	31	销售出库	发
12	产成品入库	收	32	领料出库	发

收发类别编码	收发类别名称	收发标志	收发类别编码	收发类别名称	收发标志
13	调拨入库	收	33	调拨出库	发
2	非正常入库	收	4	非正常出库	发
21	盘盈入库	收	41	盘亏出库	发
22	其他入库	收	42	其他出库	发

13. 采购类型(见表 1-13)

表 1-13 采购类型

采购类型编码	采购类型名称	入库类别	是否默认值
1	普通采购	采购入库	是

14. 销售类型(见表 1-14)

表 1-14 销售类型

销售类型编码	销售类型名称	出库类别	是否默认值
1	经销	销售出库	是
2	代销	销售出库	是

15. 本单位开户银行(见表 1-15)

表 1-15 开户银行

编码	银行账号	开户银行	是所属银行编码
011	01234560000	工商银行汉东分行江北路分理处	01

(二)会计核算期初资料

1. 科目期初余额(见表 1-16 和表 1-17)

表 1-16 科目余额表

科目名称	方向	币别/计量	期初余额	手工核算备注
库存现金(1001)	借		5 000.00	
银行存款(1002)	借		1 406 697.70	
工行存款(100201)	借	日、银	1 406 697.70	
其他货币资金(1012)	借		—	预留 2 个明细科目
交易性金融资产(1101)	借			预留 1 个明细科目
债券投资(成本)(110101)	借			
应收票据(1121)	借	客户往来	200 000.00	预留 3 个明细科目
应收账款(1122)	借	客户往来	243 000.00	预留 4 个明细科目
预付账款(1123)	借	供应商往来	11 616.00	—

续表

科目名称	方向	币别/计量	期初余额	手工核算备注
财产保险费(112301)	借		3 600.00	
车辆保险费(112302)	借		7 800.00	
报纸杂志费(112303)	借		216.00	
应收股利(1131)	借			—
应收利息(1132)	借		7 200.00	—
其他应收款(1221)	借		4 000.00	预留5个明细科目
应收个人款(周迪)(122101)	借		4 000.00	
坏账准备(1231)	贷		15 000.00	
材料采购(1401)	借		—	
在途物资(1402)	借		—	
原材料(1403)	借		802 019.00	
原料及主要材料(140301)	借		731 000.00	
真丝针织面料(14030101)	借	数量核算	316 000.00	
	借	米	4 000	
真丝针织印花面料(14030102)	借	数量核算	415 000.00	
	借	米	5 000	
辅助材料(140302)	借		58 945.00	
无纺衬(14030201)	借	数量核算	6 000.00	
	借	米	4 000	
贝壳扣(14030202)	借	数量核算	6000.00	
	借	盒	200	
缝纫线(14030203)	借	数量核算	945.00	
	借	轴	150	
花边(14030204)	借	数量核算	46 000.00	
	借	米	2 000	
包装材料(140303)	借		12 074.00	
商标(14030301)	借	数量核算	1 800.00	
	借	个	6 000	
洗唛(14030302)	借	数量核算	1 200.00	
	借	个	6 000	
说明书(14030303)	借	数量核算	4 500.00	
	借	个	6 000	
吊牌(14030304)	借	数量核算	3 000.00	
	借	个	5 000	
吊粒(14030305)	借	数量核算	750.00	
	借	个	5 000	

续表

科目名称	方向	币别/计量	期初余额	手工核算备注
塑料袋(14030306)	借	数量核算	600.00	
	借	个	4 000	
封箱纸(14030307)	借	数量核算	224.00	
	借	卷	80	
材料成本差异(1404)	借		4 670.00	
原料及主要材料(140401)	借		3 320.00	
辅助材料(140402)	借		1 100.00	
包装材料(140403)	借		250.00	
库存商品(1405)	借		2 450 000.00	
男士真丝睡衣 (140501)	借	数量核算	360 000.00	
	借	套	1 000	
男士真丝印花睡衣(140502)	借	数量核算	380 000.00	
	借	套	1 000	
男士真丝印花睡袍(140503)	借	数量核算	315 000.00	
	借	件	1 500	
女士真丝睡衣(140504)	借	数量核算	510 000.00	
	借	套	1 500	
女士真丝印花睡衣(140505)	借	数量核算	525 000.00	
	借	套	1 500	
女士真丝印花睡裙(140506)	借	数量核算	360 000.00	
	借	件	2 000	
发出商品(1406)	借		—	
男士真丝睡衣 (140601)	借	数量核算		
	借	套		
男士真丝印花睡衣(140602)	借	数量核算		
	借	套		
男士真丝印花睡袍(140603)	借	数量核算		
	借	件		
女士真丝睡衣(140604)	借	数量核算		
	借	套		
女士真丝印花睡衣(140605)	借	数量核算		
	借	套		
女士真丝印花睡裙(140606)	借	数量核算		
	借	件		
商品进销差价(1407)	贷		—	
委托加工物资(1408)	借		—	

续表

科目名称	方向	币别/计量	期初余额	手工核算备注
周转材料(1411)	借		27 500.00	
包装物(141101)	借		26 000.00	
包装盒(14110101)	借	数量核算	14 000.00	
	借	个	4 000	
手提袋(14110102)	借	数量核算	8 000.00	
	借	个	4 000	
包装箱(14110103)	借	数量核算	4 000.00	
	借	个	400	
低值易耗品(141102)	借		1 500.00	
剪刀(14110201)	借	数量核算	300.00	
	借	把	20	
润滑油(14110202)	借	数量核算	80.00	
	借	瓶	10	
机油(14110203)	借	数量核算	1 000.00	
	借	瓶	100	
抹布(14110204)	借	数量核算	120.00	
	借	打	20	
融资租赁资产(1461)	借		—	
存货跌价准备(1471)	贷		—	
持有至到期投资(1501)	借		83 515.80	
债券投资(成本)(150101)	借		80 000.00	
债券投资(利息调整)(150102)	借		3 515.80	
持有至到期投资减值准备(1502)	贷			
可供出售金融资产(1503)	借		100 000.00	
股票投资(成本)(150301)	借		100 000.00	
长期股权投资(1511)	借		1 000 000.00	
其他股权投资(成本)(151101)	借		1 000 000.00	
长期股权投资减值准备(1512)	贷			
长期应收款(1531)	借		—	
固定资产(1601)	借		6 590 370.00	
累计折旧(1602)	贷		2 937 306.00	
固定资产减值准备(1603)	贷		—	
在建工程(1604)	借		290 000.00	
车库(160401)	借		290 000.00	
工程物资(1605)	借		—	
固定资产清理(1606)	借		—	

续表

科目名称	方向	币别/计量	期初余额	手工核算备注
无形资产(1701)	借		201 000.00	
土地使用权(170101)	借		165 000.00	
专有技术(170102)	借		36 000.00	
累计摊销(1702)	贷		31 500.00	
无形资产减值准备(1703)	贷		—	
商誉(1711)	借		—	
长期待摊费用(1801)	借			
递延所得税资产(1811)	借			
待处理财产损溢(1901)	借			
待处理流动资产损溢(190101)	借			
待处理固定资产损溢(190102)	借			
短期借款(2001)	贷		100 000.00	
交易性金融负债(2101)	贷			
应付票据(2201)	贷	供应商往来	150 000.00	预留2个明细科目
应付账款(2202)	贷	供应商往来	961 400.00	预留4个明细科目
预收账款(2203)	贷	客户往来	—	
应付职工薪酬(2211)	贷		695 859.50	
工资(221101)	贷		498 967.00	
职工福利(221102)	贷		—	
社会保险(221103)	贷		56 882.23	
医疗保险(22110301)	贷		39 917.35	
失业保险(22110302)	贷		9 979.35	
工伤保险(22110303)	贷		2 993.80	
生育保险(22110304)	贷		3 991.73	
设定提存计划(221104)	贷		99 793.40	
养老保险(22110401)	贷		99 793.40	
住房公积金(221105)	贷		24 948.35	
工会经费(221106)	贷		6 786.00	
职工教育经费(221107)	贷		8 482.52	
应交税费(2221)	贷		246 960.00	
应交增值税(222101)	贷		—	
进项税(22210101)	贷			
已交税金(22210102)	贷			
销项税(22210103)	贷			
进项税额转出(22210104)	贷		—	
应交城建税(222102)	贷		7 035.00	

续表

科目名称	方向	币别/计量	期初余额	手工核算备注
应交房产税(222103)	贷		3 632.62	
应交车船使用税(222104)	贷			
应交所得税(222105)	贷		117 777.38	
未交增值税(222106)	贷		100 500.00	
应交土地使用税(222107)	贷		15 000.00	
教育费附加(222108)	贷		3 015.00	
应交个人所得税(222109)	贷			
应付利息(2231)	贷		—	
应付股利(2232)	贷		—	
国家投资利润(223201)	贷		—	
单位投资利润(223202)	贷		—	
个人投资利润(223203)	贷		—	
其他应付款(2241)	贷			
养老保险(224101)	贷			
医疗保险(224102)	贷			
失业保险(224103)	贷			
住房公积金(224104)	贷			
长期借款(2501)	贷		200 000.00	
更新改造借款(250101)	贷		200 000.00	
应付债券(2502)	贷		—	
债券本金(250201)	贷			
债券利息(250202)	贷			
长期应付款(2701)	贷			
专项应付款(2711)	贷			
预计负债(2801)	贷			
递延所得税负债(2901)	贷		—	
实收资本(4001)	贷		6 600 000.00	
锦华集团(400101)	贷		4 620 000.00	
李明光(400102)	贷		1 320 000.00	
庞庆祥(400103)	贷		330 000.00	
赵红(400104)	贷		330 000.00	
资本公积(4002)	贷		8 900.00	
其他资本公积(400201)	贷		8 900.00	
盈余公积(4101)	贷		385 205.00	
法定盈余公积(410101)	贷		385 205.00	
任意盈余公积(410102)	贷		—	

续表

科目名称	方向	币别/计量	期初余额	手工核算备注
本年利润(4103)	贷		1 080 000.00	
利润分配(4104)	贷		40 000.00	
未分配利润(410401)	贷		40 000.00	
提取法定盈余公积(410402)	贷		—	
提取任意盈余公积(410403)	贷		—	
提取普通股股利(410404)	贷			
库存股(4201)	借		—	
生产成本(5001)	借		25 542.00	
基本生产成本(500101)	借		25 542.00	
辅助生产车间(500102)	借		—	
供电车间(50010201)	借			
机修车间(50010202)	借			
制造费用(5101)	借			
职工薪酬(510101)	借			
办公费(510102)	借			
折旧费(510103)	借			
水电费(510104)	借			
修理费(510105)	借			
劳务成本(5201)	借		—	
研发支出(5301)	借		—	
主营业务收入(6001)	贷			
男士真丝睡衣(600101)	贷	数量核算	—	
	贷	套	—	
男士真丝印花睡衣(600102)	贷	数量核算	—	
	贷	套	—	
男士真丝印花睡袍(600103)	贷	数量核算		
	贷	件		
女士真丝睡衣(600104)	贷	数量核算		
	贷	套		
女士真丝印花睡衣(600105)	贷	数量核算		
	贷	套		
女士真丝印花睡裙(600106)	贷	数量核算		
	贷	件		
利息收入(6011)	贷		—	
手续费及佣金收入(6021)	贷		—	
保费收入(6031)	贷		—	

续表

科目名称	方向	币别/计量	期初余额	手工核算备注
租赁收入(6041)	贷		—	
其他业务收入(6051)	贷		—	
销售材料(605101)	贷			
转让无形资产(605102)	贷			
租金收入(605103)	贷			
汇兑损益(6061)	贷		—	
公允价值变动损益(6101)	贷		—	
投资收益(6111)	贷		—	
营业外收入(6301)	贷		—	
罚款收入(630101)	贷			
清理收入(630102)	贷			
主营业务成本(6401)	借		—	
男士真丝睡衣(640101)	借	数量核算		
	借	套	—	
男士真丝印花睡衣(640102)	借	数量核算		
	借	套		
男士真丝印花睡袍(640103)	借	数量核算		
	借	件		
女士真丝睡衣(640104)	借	数量核算		
	借	套		
女士真丝印花睡衣(640105)	借	数量核算		
	借	套		
女士真丝印花睡裙(640106)	借	数量核算		
	借	件	—	
其他业务成本(6402)	借		—	
税金及附加(6403)	借		—	
销售费用(6601)	借		—	
广告费(660101)	借		—	
职工薪酬(660102)	借		—	
运输费(660103)	借		—	
折旧费(660104)	借		—	
管理费用(6602)	借		—	
办公费(660201)	借		—	
职工薪酬(660202)	借		—	
修理费(660203)	借		—	
折旧费(660204)	借		—	

续表

科目名称	方向	币别/计量	期初余额	手工核算备注
招待费(660205)	借		—	
其他(660210)	借			
财务费用(6603)	借		—	
利息支出(660301)	借			
手续费(660302)	借			
资产减值损失(6701)	借		—	
营业外支出(6711)	借			
固定资产净损失(671101)	借		—	
罚款支出(671102)	借		—	
捐赠支出(671103)	借		—	
所得税费用(6801)	借		—	
以前年度损益调整(6901)	借		—	

表1-17 期初在产品成本资料

项目 产品名称	直接材料	直接人工	制造费用	合　计
男士真丝睡衣	3 704.00	1 250.00	637.00	5 591.00
男士真丝印花睡衣	3 651.00	986.00	523.00	5 160.00
男士真丝印花睡袍	1 798.00	653.00	226.00	2 677.00
女士真丝睡衣	3 365.00	1 086.00	598.00	5 049.00
女士真丝印花睡衣	3 224.00	902.00	514.00	4 640.00
女士真丝印花睡裙	1 632.00	580.00	213.00	2 425.00
合　计	17 374.00	5 457.00	2 711.00	25 542.00

2. 固定资产系统基础数据(见表1-18和表1-19)

表1-18 资产类别

编码	类别名称	净残值率
01	房屋类	4%
02	机器设备	4%
03	办公设备	10%
04	运输设备	4%

表 1-19 固定资产卡片

名称	类别	数量	增加方式	使用年限	开始使用日期	原值	累计折旧	使用部门
办公楼	01	1	直接购入	25	2001.10.25	1 267 000.00	875 750.00	6个管理部门均摊
服装生产车间厂房	01	1	在建工程转入	25	2009.10.06	1 867 500.00	717 120.00	服装生产车间
质检包装车间厂房	01	1	在建工程转入	25	2003.10.13	764 050.00	469 432.00	质检包装车间
机修车间厂房	01	1	在建工程转入	25	2005.08.28	476 950.00	277 775.00	机修车间
供电车间厂房	01	1	在建工程转入	25	2014.09.28	627 800.00	122 546.00	供电车间
采购部原料库	01	1	在建工程转入	25	2011.10.06	89 620.00	27 531.00	采购部
营销部成品库	01	1	在建工程转入	25	2011.10.06	96 530.00	29 654.00	营销部
缝纫机	02	50	直接购入	10	2013.10.12	98 000.00	56 448.00	服装生产车间
拷边机	02	2	直接购入	10	2018.07.17	3 200.00	384.00	服装生产车间
包缝机	02	2	直接购入	10	2017.10.01	12 620.00	2 423.00	服装生产车间
圆纬机	02	2	直接购入	10	2014.07.02	16 000.00	8 064.00	服装生产车间
花边机	02	1	直接购入	10	2015.03.23	18 000.00	7 776.00	服装生产车间
锁眼机	02	1	直接购入	10	2014.10.13	13 700.00	6 576.00	服装生产车间
裁剪机	02	2	直接购入	10	2013.02.23	44 000.00	28 160.00	服装生产车间
蒸汽吊瓶熨斗	02	10	直接购入	10	2015.10.10	5 900.00	2 266.00	质检包装车间
SDW 稳压器	02	1	直接购入	15	2014.07.16	367 000.00	123 312.00	供电车间
BMD 防爆配电箱	02	1	直接购入	15	2015.07.16	258 000.00	70 176.00	供电车间
HP 复印机	03	1	直接购入	3	2017.03.15	12 000.00	9 300.00	办公室
佳能打印机	03	1	直接购入	3	2017.03.15	2 300.00	1 783.00	办公室
联想扬天电脑	03	10	直接购入	3	2017.03.15	45 200.00	35 030.00	6个管理部门均摊
金杯货车	04	1(1 吨)	直接购入	10	2018.05.15	85 000.00	11 560.00	营销部
解放货车	04	1(2 吨)	直接购入	10	2016.07.12	120 000.00	37 440.00	采购部
轿车	04	1(4 座)	直接购入	10	2019.08.23	240 000.00	5 760.00	办公室
面包车	04	1(15 座)	直接购入	10	2017.11.17	60 000.00	11 040.00	办公室

3. 薪资管理系统基础数据

(1) 核算多个工资类别，代扣个人所得税，不进行扣零处理。

(2) 工资项目：基本工资、岗位工资、津贴补贴、养老保险金、医疗保险金、失业保险金、公积金、个人所得税、请假天数。

(3) 计算公式：

请假扣款=请假天数×日工资

养老保险金=11月份应付工资总额×8%(此处计提部分是个人承担的部分)

医疗保险金=11月份应付工资总额×2%

失业保险金=11月份应付工资总额×1%

住房公积金=11 月份应付工资总额×5%

(4) 扣缴个人所得税设置：基数 5000。

4. **应收款管理系统期初数据(见表 1-20 和表 1-21)**

表 1-20 应收账款账户

日期	客户	摘要	方向	期初余额
2019-11-14	上海益桥服装商场	销售商品	借	100 000.00
2019-11-20	中友百货有限责任公司	销售商品	借	112 000.00
2019-11-25	个体户刘明生	销售商品	借	31 000.00
合计				243 000.00

表 1-21 应收票据账户

收到/签发日期	客户	摘要	方向	期初余额	票据编号	到期日	单据类型	承兑银行
2019-09-28	大连友谊商城	销售商品	借	200 000.00	0001	2020-3-28	银行承兑	工行大连中山支行
合计				200 000.00				

5. **应付款管理系统期初数据(见表 1-22 和表 1-23)**

表 1-22 应付账款

日期	供应商	摘要	方向	金额
2019-10-26	华美丝绸有限公司	采购原材料	贷	640 000.00
2019-11-27	上海丝盟丝绸有限公司	采购原材料	贷	321 400.00
合计				961 400.00

表 1-23 应付票据

日期	供应商	摘要	方向	期初余额	票据编号	到期日	单据类型
2019-09-28	苏州梅迪丝绸有限公司	采购原材料	贷	150 000.00	0001	2020-3-28	商业承兑汇票
合计				150 000.00			

6. **库存和存货核算系统期初数据(见表 1-24~表 1-26)**

表 1-24 "原材料"期初明细资料

材料名称	计量单位	数量	计划单价	金额
原料及主要材料				
真丝针织面料	米	4 000	79.00	316 000.00
真丝针织印花面料	米	5 000	83.00	415 000.00
合计				731 000.00

续表

材料名称	计量单位	数 量	计划单价	金 额
辅助材料				
无纺衬	米	4000	1.50	6 000.00
贝壳扣	盒	200	30.00	6 000.00
缝纫线	轴	150	6.30	945.00
花边	米	2000	23.00	46 000.00
合　　计				58 945.00
包装材料				
商标	个	6000	0.30	1 800.00
洗唛	个	6000	0.20	1 200.00
说明书	个	6000	0.75	4 500.00
吊牌	个	5000	0.60	3 000.00
吊粒	个	5000	0.15	750.00
塑料袋	个	4000	0.15	600.00
封箱纸	卷	80	2.80	224.00
合　　计				12 074.00
总　　计				802 019.00

表1-25　库存商品期初明细资料

产成品名称	计量单位	结存数量	单位成本	结存金额	销售单价
男士真丝睡衣	套	1 000	360.00	360 000.00	580.00
男士真丝印花睡衣	套	1 000	380.00	380 000.00	560.00
男士真丝印花睡袍	件	1 500	210.00	315 000.00	320.00
女士真丝睡衣	套	1 500	340.00	510 000.00	580.00
女士真丝印花睡衣	套	1 500	350.00	525 000.00	560.00
女士真丝印花睡裙	件	2 000	180.00	360 000.00	300.00
合　　计				2 450 000.00	

表1-26　周转材料期初明细资料

产成品名称	计量单位	数 量	实际单价	金 额
包装物				
包装盒	个	4 000	3.50	14 000.00
手提袋	个	4 000	2.00	8 000.00
包装箱	个	400	10.00	4 000.00
合　　计				26 000.00
低值易耗品				
剪刀	把	20	15.00	300.00

续表

产成品名称	计量单位	数量	实际单价	金额
润滑油	瓶	10	8.00	80.00
机油	瓶	100	10.00	1 000.00
抹布	打	20	6.00	120.00
合 计				1 500.00
总 计				27 500.00

(三)核算资料

1. 损益类账户资料(见表1-27)

表1-27　1~11月损益类账户发生额

总账科目	明细科目	借方发生额	贷方发生额
主营业务收入			25 165 000.00
其他业务收入			640 000.00
投资收益			164 500.00
营业外收入			30 500.00
主营业务成本		21 200 500.00	
其他业务成本		480 000.00	
税金及附加		109 520.00	
销售费用		607 260.00	
	其中：广告费	250 000.00	
管理费用		1 996 720.00	
	其中：业务招待费	65 400.00	
财务费用		84 000.00	
资产减值损失		—	
营业外支出		82 000.00	
	其中：非公益性捐赠	20 000.00	
	罚款支出	4 500.00	
所得税费用		360 000.00	

2. 存货收发明细资料(见表1-28~表1-34)

表1-28　服装生产车间领用材料明细表

材料名称	计量单位	12月份		
		2日	12日	24日
原料及主要材料				
真丝针织面料	米	3 800	4 000	3 800
真丝针织印花面料	米	5 000	6 500	6 000
辅助材料				

续表

材料名称	计量单位	12月份		
		2日	12日	24日
无纺衬	米	1 500	1 800	1 400
贝壳扣	盒	120	140	120
缝纫线	轴	60	100	80
花边	米	800	1100	900
包装材料				
商标	个	4 000	4 000	4 000
洗唛	个	4 000	4 000	4 000
低值易耗品				
剪刀	把	10		
润滑油	瓶	5		20
抹布	打	5		10

表1-29 质检包装车间领用材料明细表

材料名称	计量单位	12月份		
		2日	12日	24日
包装物				
包装盒	个	4 000	4 000	4 000
手提袋	个	4 000	4 000	4 000
包装箱	个	400	400	380
低值易耗品				
剪刀	把		30	
润滑油	瓶			5
抹布	打	5		10
包装材料				
说明书	个	4 000	4 000	4 000
吊牌	个	4 000	4 000	4 000
吊粒	个	4 000	4 000	4 000
塑料袋	个	4 000	4 000	4 000
封箱纸	卷	20	20	20

表1-30 完工产品入库明细表

产品名称	计量单位	12月份		
		上旬	中旬	下旬
男士真丝睡衣	套	500	650	600
男士真丝印花睡衣	套	400	600	510
男士真丝印花睡袍	件	580	800	610

续表

产品名称	计量单位	12月份		
		上旬	中旬	下旬
女士真丝睡衣	套	560	820	600
女士真丝印花睡衣	套	550	650	610
女士真丝印花睡裙	件	600	835	715

表1-31 12月份产量统计表

产品名称	单位	期初在产品数量	本月投入量	本月完工量	月末在产品数量
男士真丝睡衣	套	10	1 800	1 750	60
男士真丝印花睡衣	套	10	1 500	1 510	
男士真丝印花睡袍	件	15	2 000	1 990	25
女士真丝睡衣	套	10	2 000	1 980	30
女士真丝印花睡衣	套	10	1 800	1 810	
女士真丝印花睡裙	件	15	2 200	2 150	65

表1-32 产品消耗定额表

产品名称	单位原料消耗定额(米)		生产工时(工时)
	原料名称	定额用量	
男士真丝睡衣	真丝针织面料	3	5 300
男士真丝印花睡衣	真丝针织印花面料	3	5 430
男士真丝印花睡袍	真丝针织印花面料	1.8	3 500
女士真丝睡衣	真丝针织面料	2.8	6 210
女士真丝印花睡衣	真丝针织印花面料	2.8	6 000
女士真丝印花睡裙	真丝针织印花面料	1.4	3 800
合 计			30 240

表1-33 辅助生产车间提供产品劳务量表

时间	车间名称	单位	服装生产车间		质检包装车间		机修车间	供电车间	行政部管理门	合计
			生产用	管理用	生产用	管理用				
12月	机修车间	工时		400		500		20	40	960
	供电车间	千瓦时	15 150	800	18 500	950	200		800	36 400

表1-34　用水量统计表

部门名称	单位	12月份
服装生产车间	吨	700
质检包装车间	吨	700
机修车间	吨	100
供电车间	吨	100
行政部门	吨	200
合　　计		1 800

3. 税收核算基础资料(见表1-35)

表1-35　企业应交增值税发生额

项　目	借方发生额			贷方发生额		
	进项税额	已交税金	转出未交增值税	销项税额	进项税额转出	转出多交增值税
1~10月	2 133 900.00		994 700.00	3 128 600.00		
11月	252 160.00		100 500.00	352 660.00		

4. 对账基础资料(见表1-36)

表1-36　工商银行对账单

开户单位：锦华丝绸服装有限公司　　2019年12月　　账号：012345600000

日期	凭证号	摘　要	借方	贷方	余额
1	略	月初余额			1 406 697.70
3		差旅费		10 000.00	
3		申请银行汇票		30 000.00	
3		手续费		3.00	1 366 694.70
4		手续费		752.00	
4		收到上海益桥服装商场货款	330 505.00		
4		垫付运费		545.00	1 695 902.70
5		付汉东装潢印刷厂购料款		203 400.00	
5		捐赠希望工程		20 000.00	1 472 502.70
6		提现		5 000.00	
6		付华美丝绸有限公司货款		640 000.00	
6		收到中友百货有限责任公司货款	112 000.00		939 502.70
7		还借款		100 000.00	
7		申请银行汇票		100 000.00	
7		手续费		3.00	

续表

日期	凭证号	摘　要	借　方	贷　方	余　额
7		收到沈阳新世界百货有限公司货款	644 100.00		1 383 599.70
9		付工资		420 794.28	
9		付汽车修理费		4 520.00	
9		购买黎明公司债券		105 000.00	853 285.42
10		交社会保险费		211 562.00	
10		交住房公积金		49 896.70	
10		上缴税款		100 500.00	
10		上缴税款		28 682.62	
10		上缴税款		117 777.38	
10		上缴税款		138.00	
10		付时尚服装辅料厂货款		74 071.50	270 657.22
10		垫付运费		872.00	269 785.22
11		收汇票余款	4 176.00		
11		付奇幻纽扣厂货款		65 550.50	
11		收到广州中华广场货款	298 062.00		506 472.72
12		付梅达商城货款		1 864.50	504 608.22
12		贴现款	195 850.00		
13		收到广交会货款(高安康)	327 700.00		
13		收汇票余款	4 058.00		
13		收到华美丝绸有限公司退货款	9 040.00		
13		付上海丝盟丝绸有限公司货款		321 400.00	
13		手续费		10.50	719 845.72
14		现金存入	678.00		720 523.72
16		现金存入	6 780.00		
16		付水费		4 414.50	368 278.61
16		付中国人民财产保险股份有限公司保险费		25 464.00	697 425.22
17		付汉东市邮政局报刊费		4 002.48	
17		付汉东市广告传媒公司广告费		53 000.00	
17		付梅达商城货款		6 497.50	633 925.24
18		提现		5 000.00	628 925.24
19		付汉东文化商城货款		1 141.30	
19		付运费		2 180.00	625 603.94
20		付利息		1 112.00	
20		收利息	360.00		
20		手续费		11.00	

续表

日期	凭证号	摘要	借方	贷方	余额
20		收到顺发运输有限公司租金	2 260.00		
20		付梅达商城货款		4 271.40	622 829.54
21		付浙江华盛丝绸有限公司货款		250 000.00	
21		手续费		10.50	
21		取得短期借款	150 000.00		522 820.04
22		付电话费		6 540.00	
22		付电费		41 132.00	475 147.04
24		收到中友百货有限责任公司货款	759 360.00		1 234 507.04
24		预收云南百货有限责任公司货款	400 000.00		1 634 507.04
24		现金存入	70 060.00		
27		收到童心玩具厂销货款	1 356.00		1 684 796.04
		合　　计	3 316 345.00	3 038 246.66	1 684 796.04

5. 其他核算基础资料

(1) 无形资产摊销期限：专有技术预计使用 10 年，土地使用权预计使用 50 年。

(2) 模拟企业占地面积 15 000 平方米。

(3) 持有东方股份有限公司 8%的股份。

(四)会计报表资料

1. 资产负债表(见表 1-37)

表 1-37　资产负债表

编制单位：锦华丝绸服装有限公司　　　2019 年 12 月 31 日　　　会企 01 表　单位：元

资　产	行次	期末余额	年初余额	负债及所有者权益（或股东权益）	行次	期末余额	年初余额
流动资产：	1			流动负债：	34		
货币资金	2	614 339.00	723 500.00	短期借款	35	150 000.00	150 000.00
以公允价值计量且其变动计入当期损益的金融资产	3	145 000.00	—	以公允价值计量且其变动计入当期损益的金融负债	36	—	—
应收票据	4	100 000.00	120 000.00	应付票据	37	356 000.00	425 000.00
应收账款	5	625 000.00	532 000.00	应付账款	38	668 190.00	—
预付款项	6	30 000.00	—	预收款项	39	—	—
应收利息	7	—	—	应付职工薪酬	40	56 000.00	46 230.00
应收股利	8	50 000.00	—	应交税费	41	278 169.00	253 200.00
其他应收款	9	3 200.00	3 500.00	应付利息	42	—	—
存货	10	2 204 950.00	2 658 400.00	应付股利	43	—	—
一年内到期非流动资产	11	—	—	其他应付款	44	2 000.00	3 000.00
其他流动资产	12	—	—	一年内到期的非流动负债	45	—	—
流动资产合计	13	3 772 489.00	4 037 400.00	其他流动负债	46	—	—
非流动资产	14			流动负债合计	47	1 510 359.00	877 430.00
可供出售金融资产	15	—	—	非流动负债：	48		
持有至到期投资	16	—	—	长期借款	49	200 000.00	—

续表

资产	行次	期末余额	年初余额	负债及所有者权益(或股东权益)	行次	期末余额	年初余额
长期应收款	17	—	—	应付债券	50	—	—
长期股权投资	18	1 000 000.00	—	长期应付款	51	—	—
投资性房地产	19	—	—	专项应付款	52	—	—
固定资产	20	3 797 300.00	3 600 480.00	预计负债	53	—	—
在建工程	21	—	—	递延所得税负债	54	—	—
工程物资	22	—	—	其他非流动负债	55	—	—
固定资产清理	23	—	—	非流动负债合计	56	200 000.00	—
生产性生物资产	24	—	—	负债合计	57	1 710 359.00	877 430.00
油气资产	25	—	—	所有者权益(股东权益)	58		
无形资产	26	174 675.00	140 200.00	实收资本(或股本)	59	6 600 000.00	6 600 000.00
开发支出	27	—	—	资本公积	60	8 900.00	7 331.00
商誉	28	—	—	减：库存股	61	—	—
长期待摊费用	29	—	—	盈余公积	62	385 205.00	233 969.00
递延所得税资产	30	—	—	未分配利润	63	40 000.00	59 350.00
其他非流动资产	31	—	—	所有者权益合计	64	7 034 105.00	7 000 650.00
非流动资产合计	32	4 971 975.00	3 740 680.00		65	—	—
资产总计	33	8 744 464.00	7 778 080.00	负债及所有者权益(或股东权益)总计	66	8 744 464.00	7 778 080.00

2. 利润表(见表1-38)

表1-38　利润表　　　　　　　　　　　　　　　　　　　　　　会企02表

编制单位：锦华丝绸服装有限公司　　填报日期：2019年　　　　　　单位：元

项　目	行次	本期金额	上期金额
一、营业收入	1	37 506 000.00	36 925 000.00
减：营业成本	2	32 625 000.00	31 552 500.00
税金及附加	3	287 060.00	286 180.00
销售费用	4	625 000.00	598 000.00
管理费用	5	2 035 200.00	1 680 000.00
财务费用	6	72 000.00	65 000.00
资产减值损失	7	5 000.00	—
加：公允价值变动收益(损失以"-"号填列)	8	—	—
投资收益(损失以"-"号填列)	9	456 000.00	245 000.00
其中：对联营企业和合营企业的投资收益	10	—	—
二、营业利润(亏损以"-"号填列)	11	2 312 748.00	2 988 320.00
加：营业外收入	12	26 000.00	13 200.00
其中：非流动资产处置利得			
减：营业外支出	13	31 500.00	75 600.00
其中：非流动资产处置损失	14	—	—
三、利润总额(亏损总额以"-"号填列)	15	2 307 240.00	292 520.00
减：所得税费用	16	516 450.00	691 520.00
四、净利润(净亏损以"-"号填列)	17	1 790 790.00	2 234 400.00
五、其他综合收益的税后净额	18		
(一)以后不能重分类进损益的其他综合收益	19		
(二)以后将重分类进损益的其他综合收益	20		
1.权益法下在被投资单位以后将重分类进损益的其他综合收益中享有的份额	21		
2.可供出售金融资产公允价值变动损益	22		
3.持有至到期投资重分类为可供出售金融资产损益	23		
六、综合收益总额	24		
七、每股收益	25		
(一)基本每股收益	26		
(二)稀释每股收益	27		

(五)模拟企业经济业务

12月份经济业务

业务序号	日期	业务内容	原始凭证
1	2日	采购员齐威到杭州采购原材料,预借差旅费4 000元,用现金支付	借款单
2	2日	服装生产车间、质检包装车间领用材料	领料单
3	2日	出售宏利股份有限公司股票5 000股,原购进10 000股。款项存入股票交易专户	成交过户交割凭单
4	3日	营销部长高安康参加广交会,预借差旅费10 000元	借款单、现金支票
5	3日	高安康领用参加广交会产品样品	销售通知单、产品出库单
6	3日	向银行申请银行汇票一张,票面金额30 000元,支付广交会展位租赁费	业务委托书、收费凭证、银行汇票
7	4日	从华美丝绸有限公司购进真丝针织印花面料10 000米,真丝针织面料6 000米,发票已到,开出3个月期限的银行承兑汇票一张	增值税专用发票、银行承兑汇票、收费凭证、收料单、采购费用分配表、银行承兑协议
8	4日	向上海益桥服装商场销售男士真丝印花睡衣100套,男士真丝印花睡袍200件,女士真丝印花睡衣200套,女式真丝印花睡裙200件	销售通知单、产品出库单、增值税专用发票、转账支票,进账单
9	5日	向汉东装潢印刷厂购入包装盒25 000个,手提袋25 000个,包装箱2 500个。以转账支票支付。已验收入库	增值税专用发票、转账支票、收料单
10	5日	签发20 000元的转账支票一张,通过希望工程捐赠给贫困地区小学	行政事业性收费收据、转账支票
11	6日	提取现金5 000元备用	现金支票
12	6日	承付华美丝绸有限公司货款	托收凭证
13	6日	收到中友百货有限责任公司货款	联行来账通知
14	6日	用现金支付研发部职工培训费	增值税普通发票
15	7日	销售员周迪到上海出差8天,回来报销差旅费	差旅费报销单、车票、增值税专用发票、收据
16	7日	归还到期的短期借款	还款凭证
17	7日	向银行申请银行汇票一张,票面金额100 000元,到黎明服装辅料厂购买辅助材料	业务委托书、收费凭证、银行汇票
18	7日	营销部和沈阳新世界百货有限公司签订销售男士真丝睡衣500套、男士真丝印花睡衣500套、女士真丝睡衣500套、女士真丝印花睡衣500套的合同,并已经发出第一批货	销售通知单、产品出库单、增值税专用发票、购销合同、进账单

续表

业务序号	日期	业务内容	原始凭证
19	9日	根据"工资结算汇总表"发放职工工资,签发转账支票,通过银行支付	工资结算汇总表、转账支票
20	9日	机修车间领用润滑油5瓶,抹布10打	领料单
21	9日	办公室报销业务招待费,用现金支付	增值税普通发票
22	9日	签发转账支票一张,支付汽车修理费	增值税专用发票、转账支票
23	9日	向黎明服装辅料厂购买辅助材料,货款用银行汇票结算,材料验收入库	增值税专用发票、收料单
24	9日	向奇幻纽扣厂购买辅助材料,货款尚未支付,材料验收入库	增值税专用发票、收料单
25	9日	分配向黎明服装辅料厂和奇幻纽扣厂购买辅助材料共同发生的运费,运费用现金支付	增值税专用发票、采购费用分配表
26	9日	用银行存款购入黎明公司债券作为短期投资,利率6%,划分为交易性金融资产,共支付价款102 000元(含已宣告发放利息2 000元),另支付交易费用3 000元	成交过户交割凭证、转账支票
27	9日	经研究给综合办公室职工吴梦莹困难补助,直接核销	职工困难补助申请书
28	10日	产品完工入库	产品入库单
29	10日	采购员齐威到杭州出差4天,回来报销差旅费	差旅费报销单、车票、增值税专用发票、收据
30	10日	现金盘点,发现现金短少150元。经领导批示,责令出纳员赔偿100元,其余的作为管理费用处理	现金盘点表、现金短款审批表、收据
31	10日	交纳上月职工的社会保险费和住房公积金	银行税费缴款凭证
32	10日	缴纳上月增值税、城市维护建设税、教育费附加等各项税费	银行税费缴款凭证
33	10日	向时尚服装辅料厂购买包装材料,货款用支票结算	增值税专用发票、销货清单、转账支票、收料单
34	10日	向广州中华广场销售男士真丝睡衣50套、男士真丝印花睡衣50套、男士真丝印花睡袍100件、女士真丝睡衣100套、女士真丝印花睡衣100套、女式真丝印花睡裙200件	销售通知单、产品出库单、增值税专用发票、转账支票
35	11日	黎明服装辅料厂退回多余货款,已划回收账	银行汇票(多余款收账)
36	11日	支付奇幻纽扣厂货款	信汇凭证、收费凭证
37	11日	收到广州中华广场货款	进账单
38	12日	购入剪刀,入库	增值税专用发票、转账支票、收料单
39	12日	服装生产车间、质检包装车间领用材料	领料单

续表

业务序号	日期	业务内容	原始凭证
40	12日	公司将持有的大连友谊商城开具的一张银行承兑汇票向银行申请贴现。汇票金额200 000,发票期2019年9月12日,到票日2020年3月12日,年贴现率8.3%	贴现凭证
41	13日	参加广交会产品样品全部销售(高安康工行银行卡号6218805000019869877)	进账单
42	13日	营销部长高安康到广州出差9天,报销差旅费	差旅费报销单、车票、增值税专用发票、收据
43	13日	支付广交会会场租赁费、装修费	增值税专用发票、银行汇票(多余款收账)
44	13日	12月4日验收入库的从华美丝绸有限公司购进真丝针织面料发现100米有质量问题,进行退货处理	增值税专用发票、收料单、进账单、企业进货退回及索取折让证明单
45	13日	承付上海丝盟丝绸有限公司货款	电汇凭证、收费凭证
46	14日	用现金向汉东物资经销商店购买50瓶润滑油,抹布30打	增值税专用发票、收料单
47	14日	收到银行开具的11月份增值税发票	增值税专用发票
48	14	HP复印机到2020年3月14日使用期满,现已无法正常使用。提前申请报废	固定资产报废单、增值税专用发票、现金缴存单、固定资产清理单
49	16日	向个体户销售女士真丝印花睡裙20件,收到现金	销售通知单、产品出库单、增值税普通发票
50	16日	将现金存入银行	现金缴存单
51	16日	支付本月水费	增值税专用发票、同城特约委托收款专用发票、水费分配表
52	16日	签发转账支票一张,支付下年度的财产保险费	增值税专用发票、转账支票
53	17日	签发转账支票一张,订购下年度的报刊费	增值税专用发票、转账支票
54	17日	签发转账支票一张,支付广告费	增值税专用发票、转账支票
55	17日	购入电器材料	增值税专用发票、收料单、转账支票
56	17日	供电车间领用电线400米,插座5个,开关10个	领料单
57	18日	支付卫生罚款	行政事业性收费收据
58	18日	从浙江华盛丝绸有限公司购进真丝针织印花面料5 000米,真丝针织面料3 000米,发票已到,货款尚未支付	增值税专用发票
59	18日	提取现金以备零用5 000元	现金支票
60	18日	支付质检包装车间职工赵建平母亲丧葬费补助200元	支款凭证

续表

业务序号	日期	业务内容	原始凭证
61	19日	办公室购买办公用品	增值税专用发票、转账支票
62	19日	支付销售产品运费2 180元	增值税专用发票、转账支票
63	19日	机修车间李虎因违章操作，罚款100元	收据
64	20日	结算短期借款本月利息	贷款利息回单
65	20日	结算户存款利息，已收存入账	存款利息回单
66	20日	产品完工入库	产品入库单
67	20日	向中友百货有限责任公司销售男士真丝睡衣200套、男士真丝印花睡衣200套、男士真丝印花睡袍300件、女士真丝睡衣200套、女士真丝印花睡衣200套、女式真丝印花睡裙400件	销售通知单、产品出库单、增值税专用发票、托收凭证、收费凭证
68	20日	公司将解放货车一辆出租给顺发运输有限公司，租期1个月，收到租金等2 260元	增值税专用发票、进账单、固定资产租赁合同
69	20日	办公室购买2台惠普M1005激光一体机，交给办公室和财务部使用	增值税专用发票、转账支票
70	21日	从浙江华盛丝绸有限公司购入的原材料已验收入库	收料单
71	21日	承付浙江华盛丝绸有限公司货款	信汇凭证、收费凭证
72	21日	向银行申请为期6个月的短期借款150 000元，作为生产周转资金，银行已批准，并转入本企业工商行存款账户	短期借款申请书、借款凭证
73	23日	支付本月电话费	增值税专用发票、同城特约委托收款专用发票
74	23日	支付电费	增值税专用发票、同城特约委托收款专用发票
75	24日	收到中友百货有限责任公司货款	托收凭证
76	24日	服装生产车间、质检包装车间领用材料	领料单
77	24日	预收云南百货有限责任公司订货款	进账单、支票正联
78	25日	个体户刘明生2015年8月20日所欠货款，因对方经营不善导致亏损已无法收回，经批准作为坏账处理	坏账核销审批表
79	25日	按规定计算本月企业应交的养老保险、医疗保险、失业保险费、工伤保险费、生育保险费和住房公积金(按11月的职工应付总额为基数计算)	"五险一金"提取计算及分配表
80	25日	盘亏女士真丝印花睡裙2件	财产清查报告单
81	26日	机修车间用现金购入维修材料，直接领用	增值税专用发票

续表

业务序号	日期	业务内容	原始凭证
82	26 日	办公室报销业务招待费、用现金支付	增值税普通发票
83	26 日	办公室用现金购买饮水机一台	增值税专用发票、收料单、领料单
84	26 日	新年将至，公司决定购买 900 公斤鸡蛋、180 袋(10 公斤)面粉作为福利发放给员工	增值税专用发票、转账支票
85	26 日	分配职工福利	福利发放计算表、福利发放分配表
86	26 日	购买空白支票，现金支票、转账支票各一本	收费凭证
87	27 日	购买印花税票	银行税费缴款凭证
88	27 日	向个体户萧小妹销售女士真丝印花睡裙 100 件，男士真丝印花睡袍 100 件，收到现金	销售通知单、产品出库单、增值税普通发票
89	27 日	将现金存入银行	现金缴存单
90	27 日	向云南百货有限责任公司销售男士真丝睡衣 500 套、男士真丝印花睡衣 500 套、男士真丝印花睡袍 500 件、女式真丝睡衣 500 套、女士真丝印花睡衣 500 套、女式真丝印花睡裙 500 件。原预收部分货款，余款收到银行承兑汇票一张	销售通知单、产品出库单、增值税专用发票、银行承兑汇票
91	27 日	向童心玩具厂销售机油 100 瓶，单价 12 元/瓶	增值税专用发票、材料销售通知单、领料单、进账单
92	27 日	结转销售机油的成本	销售材料成本计算表
93	27 日	投资单位宣告发放股利 80 000 元。持有东方股份有限公司股份 80 000 股，按成本法核算	发放股利通知
94	28 日	用现金购入会计账簿	增值税专用发票
95	28 日	购置汽油充值卡	增值税专用发票、转账支票
96	28 日	对财产清查结果进行处理	财产清查报告单、收据
97	30 日	产品完工入库	产品入库单
98	30 日	计提本月固定资产折旧	固定资产折旧计算表
99	30 日	摊销应由本月负担的报纸杂志费、车辆保险费和财产保险费	预付费用摊销表
100	30 日	摊销无形资产价值	无形资产摊销表
101	31 日	结转入库材料成本	收料凭证汇总表

续表

业务序号	日期	业务内容	原始凭证
102	31日	新建的车库工程已完工，交付使用。2018年12月31日取得2年期限的长期借款200 000元，利率为9.6%	建筑工程决算书、土建工程验收单、固定资产交付使用单、固定资产卡片、利息费用预提表
103	31日	计算债券投资利息。该债券为本年3月份购入的面值80 000元，票面利率12%，五年期，分期付息到期一次还本的金融债券。该债券交易价格为81 000元，发生交易费用3 000元，实际利率为10.66%	投资利息计算表
104	31日	收到上海益桥服装商场货款	进账单
105	31日	按规定计算本月应交房产税、城市土地使用税	应交房产税、土地使用税计算表
106	31日	计提坏账准备	坏账准备计算表
107	31日	因技术的发展，公司原有的专有技术已贬值，计提无形资产减值准备20 000元	无形资产减值通知
108	31日	结转本月发出材料的实际成本	原材料成本差异率计算表、原材料发料凭证汇总表、材料费用分配表、辅助及包装材料费用分配表、周转材料发料凭证汇总表
109	31日	分配工资费用，计提工会经费和职工教育经费(以应付工资总额为基数进行分配)	工资表、工资汇总表、工资、工会经费和职工教育经费提取计算及分配表
110	31日	分配辅助生产成本	辅助生产费用分配表、电费分配表
111	31日	分配结转各车间的制造费用	制造费用分配表
112	31日	计算各基本生产车间产品成本，结转本月完工产品成本	产品成本计算单、完工产品成本汇总计算表
113	31日	结转产品销售成本	产品销售成本计算表
114	31日	结转本月未交增值税，并计提应交城市维护建设税和教育费附加	城建税和教育费附加计算表、增值税纳税申报表、税费综合申报表
115	31日	将损益类账户余额结转至"本年利润"账户	月份损益类账户发生额表
116	31日	计算并结转应交纳的所得税	所得税费用计算表、企业所得税年度纳税申报表
117	31日	根据董事会决议进行利润分配	董事会决议通知、利润分配计算表

续表

业务序号	日期	业务内容	原始凭证
118	31日	年终将"本年利润"账户的余额转入"利润分配——未分配利润"账户。将"利润分配"账户各明细账户的余额转入"利润分配——未分配利润"账户	本年利润及利润分配账户结转表
119	31日	月末对账、编制会计报表	银行存款余额调节表、总分类账户本期发生额及余额表、明细分类账户本期发生额及余额表、资产负债表、利润表、现金流量表、现金流量表工作底稿、所有者权益变动表、财务报告附注

第二篇

会计手工核算仿真实训

一、建账

(1) 正确选用账簿形式和账页格式，总分类账、日记账采用三栏式订本账，明细账则根据账户的性质确定使用三栏式、数量金额式、多栏式账页等。
(2) 填写账簿启用表或经管人员一览表。
(3) 根据实训给出的期初建账资料开设账户，填写建账日期和期初余额。
(4) 粘贴口取纸，实训中这一工作并非必需，它的作用是可以帮助会计人员快速找到所需账户。

二、填制与审核原始凭证

各岗位按照业务内容填制并审核自制原始凭证，签名盖章；外来原始凭证部分书中提供，缺的部分需从外协机构办理取得并审核。按业务流程进行原始凭证的传递。

三、填制与审核记账凭证

各会计核算岗位人员根据审核无误的原始凭证，按经济业务发生的时间顺序逐笔分析，编制相应的记账凭证。将所匹配的原始单据粘贴在记账凭证背面，注意原始单据折叠方法和粘贴位置；传递给稽核人员进行记账凭证的审核。

四、登记日记账

出纳员根据已编制并审核的收付款业务凭证，逐日、逐笔、序时地登记日记账，并检查过账有无错误。经检查无误后，在记账凭证上签名盖章。随时结出余额或至少每日终了结出余额。

五、登记各种明细分类账

各岗位会计核算人员根据已编制完成的记账凭证及原始凭证，逐笔登记所涉及的各种明细账，并检查过账有无错误，经检查无误后，在记账凭证的过账栏注明"√"，并签名盖章。对需要平时结余额的账户，可随时结记余额；对平时不需要结余额的账户，可以到月末结账时再结出余额。

六、编制科目汇总表

每半月的业务进行一次汇总。根据已编制完成的记账凭证，在工作底稿上通过 T 形账，将发生额按相同科目进行汇总，再将汇总的借方发生额、贷方发生额过入科目汇总表内，编制科目汇总表，对科目的记录进行审核。

七、登记总分类账

根据科目汇总表登记总分类账，将科目汇总表中各账户的发生额合计数记入总分类账相应的账户内，在科目汇总表的过账栏注明页次或注明"√"，并签名盖章，平时不需要结出余额，到月末结账时一同结出。

八、对账与结账

对账的前提条件是全部经济业务记入账户中，并结出各账户的余额。通过编制"总分类账户本期发生额及余额试算平衡表"进行总账试算平衡。将总账与各明细账及日记账的余额进行核对。通过编制"银行存款余额调节表"对银行存款日记账的正确与否进行核对。由于仿真条件所限，其他略。结账的前提条件是经过对账准确无误。月末结账时，要根据不同的账户记录，分别采用不同的结账方法。

九、编制财务报告

根据会计账簿资料编制资产负债表、利润表、现金流量表、所有者权益变动表及附注。

十、整理装订会计资料

对会计凭证、会计账簿、其他相关资料分别进行整理，并装订成册。

第三篇

会计信息化仿真实训

一、总账系统

1. 用友 ERP-U8 与其他系统的接口及系统功能

总账与其他系统接口如图 3-1 所示,总账系统功能如图 3-2 所示。

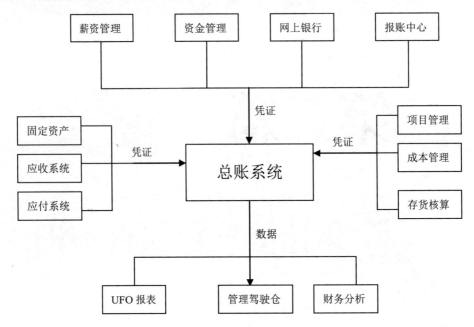

图 3-1 总账与其他系统接口

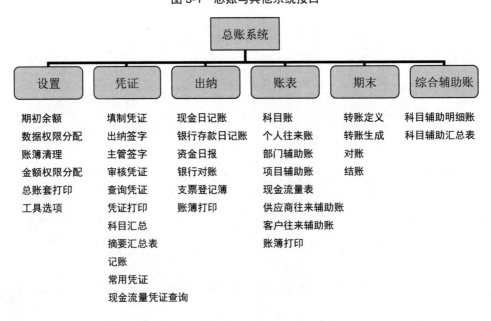

图 3-2 总账系统功能

2. 总账操作基本流程

(1) 启用总账模块：基本信息→系统启用(只对所购买模块启用)。

(2) 系统初始化设置：部门档案、客商资料、会计科目设置、结算方式录入、期初余额录入。

(3) 日常处理：凭证制单、审核、记账，若为收付款凭证，还应选择"出纳签字"等项。

(4) 期末处理：转账、结账。

总账操作基本流程如图 3-3 所示。

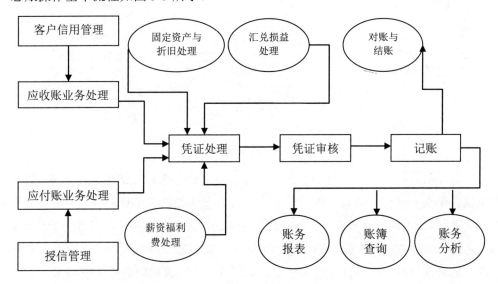

图 3-3　总账操作基本流程

3. 第一次使用总账系统

(1) 启动用友 ERP-U8，以 Admin 身份登录。

(2) 输入操作员编号、姓名。

(3) 设置账套名称、启用时间、企业类别。

(4) 设置账套主管、权限、角色。

二、会计信息化核算流程

1. 基本信息设置

基本信息设置内容及要求：分类标准，根据本单位的具体情况进行划分，无统一的标准。分类编码必须唯一，可以是汉字和英文字母，不能为空。新增分类的分类编码必须与编码原则中设定的编码级次结构相符。分类必须逐级增加，除了一级分类之外，新增分类的分类编码必须有上级分类编码。只能修改类别名称，类别编码不可修改，已被其他基础档案调用的类别不可删除。基本信息设置流程如图 3-4 所示。

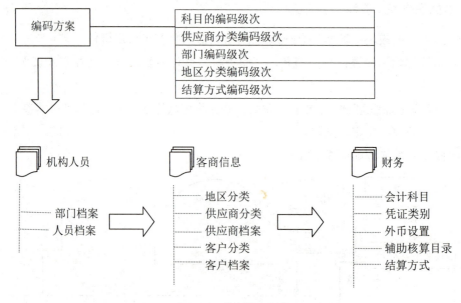

图 3-4 基本信息设置

(1) 会计科目：在企业原有的会计科目基础上，对一些科目结构进行调整。对企业中往来单位、个人、部门、项目等的核算，可通过设置为相应的辅助核算进行管理。总账系统中一共可设置 11 种辅助核算，包括部门、个人、客户、供应商、项目 5 种辅助核算，以及部门客户、部门供应商、客户项目、供应商项目、部门项目及个人项目 6 种组合辅助核算。

(2) 辅助核算目录：科目设置成辅助核算后，还应设置相应的目录或档案。

(3) 自定义项(可选择使用)：在使用科目进行制单时，如果还有一些辅助信息希望能够灵活自由地录入，就可以使用单据自定义项。

(4) 外币设置：企业若有外币业务，还应进行外币及汇率的设置。如果使用当日汇率，则应将其输入浮动汇率中；若使用月初汇率，则应将其输入固定汇率中。

(5) 期初余额：在开始使用时，应先将各账户此时的余额和年初到此时的借贷方累计发生额计算清楚。若有辅助核算，还应整理各辅助项目的期初余额。

(6) 结算方式：指常用的收付款结算方式，如支票、商业汇票、银行本票等。

(7) 银行对账期初(可选择使用)：如果要使用系统提供的银行对账功能，应先对银行日记账与银行对账单进行勾对，计算出最新余额调节表，并将尚未勾对的银行日记账与银行对账单整理出来，以便录入银行对账期初数据。

(8) 凭证类别：在开始日常业务处理前，应在系统中设置凭证类别，可根据需要设置。

2. 期初及选项——期初

(1) 期初余额，建账月份的月初余额。

年初建账：年初余额=期初余额

年中建账：年初余额+累计借方发生额-累计贷方发生额=期初余额=月初余额

(2) 录入余额时，注意科目所在行的不同颜色显示。

① 白色表示末级科目，可直接录入余额。

② 灰色表示非末级科目，不必输入余额，由明细科目录入后自动累加。

③ 黄色表示科目带有辅助核算，双击单元格进入明细余额的录入。

(3) 期初余额录入注意事项。

① 有辅助核算的会计科目，必须先在会计科目设置中设置辅助核算，期初余额在辅助项中录入，累计额直接录入。

② 数量、外币核算科目，必须先录入本币余额，再录入数量、外币；外币金额不能根据汇率自动计算，必须手工录入。

③ 红字余额，用负数录入。

④ 调整余额方向时，只能调整一级科目，且本科目或其下级科目尚未录入期初余额。

⑤ 录入期初余额后，必须先试算(手工是算年初)，再对账。

⑥ 期初余额试算不平衡，不能记账。

⑦ 若已经记过账，则不能再录入、修改期初余额。

3. 期初及选项——选项

根据企业具体情况，选择总账处理流程。

(1) 对于财务核算简单的企业。经济业务比较简单的小型企业，可以只使用总账系统，按照制单、审核、记账、查账、结账的业务流程进行业务处理。

(2) 对于财务核算较复杂的企业。企业核算业务较复杂的，可以使用各种辅助核算进行管理。可选择出纳签字、金额权限控制、预算控制。

(3) 对于往来业务较多的企业，可采用以下模式。

① 总账+往来模式。若能查询供应商往来和客户往来辅助账，可以录入客户(供应商)辅助核算科目的期初辅助数据。制单时，可以使用客户(供应商)辅助核算科目。月末结账时，不必判断应收(应付)系统是否已经结账。应收(应付)系统只有科目设置、制单、凭证查询等功能。

② 总账+应收(应付)模式。客户(供应商)往来核算科目为应收(应付)受控科目。期初余额录入时，客户(供应商)辅助核算的科目录入期初辅助数据。制单时，不能使用客户(供应商)辅助核算科目。月末结账时，要判断应收(应付)系统是否已经结账。应收(应付)系统可以执行单据录入、核销、制单、查询等功能。

4. 日常业务处理

(1) 制单。凭证是总账处理的起点，也是所有查询数据最主要的一个来源。日常业务处理首先从填制凭证开始。凭证填制与审核程序如图3-5所示。

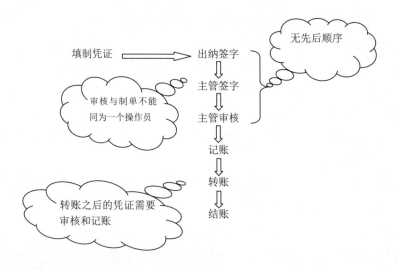

图 3-5 凭证填制与审核程序

在系统编号时,凭证一旦保存,其凭证类别、凭证编号就不能再修改;在手工编号时,凭证一旦保存,其凭证类别也不能再修改,但凭证编号可修改。记账凭证界面如图3-6所示。

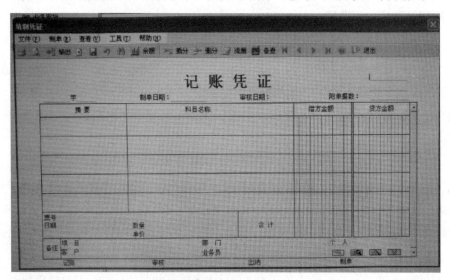

图 3-6 记账凭证界面

快捷键如下:F5——增加凭证;F4——调用常用凭证;F6——保存凭证;F2——参照;F11——原币、汇率、本币换算;空格——自动计算借贷方差额;"="——借贷平衡;"-"——红蓝字切换;CTRL+L——只显示凭证金额栏的千位线。

(2) 删除凭证。

① 必须先作废,再删除。

② 整理凭证就是将作废的凭证删除。

③ 选择是否整理凭证断号。

(3) 审核凭证。审核凭证是审核员按照财会制度，对制单员填制的记账凭证进行检查核对，主要审核记账凭证是否与原始凭证相符，会计分录是否正确等。审查认为错误或有异议的凭证，应交与填制人员修改后，再审核。有审核权的人才能使用本功能。

审核人和制单人不能是同一个人。

凭证一经审核，就不能再被修改、删除，只有取消审核签字后，才可以进行修改或删除。

(4) 凭证记账。凭证经审核签字后，即可用来登记总账和明细账、日记账、部门账、往来账、项目账以及备查账等。记账过程采用向导方式，使记账过程更加明确。

① 记账向导一：列示各期间的未记账凭证清单和其中的空号与已审核凭证编号。

② 记账向导二：显示记账报告，需是经过合法性检验后的提示信息。如果此次要记账的凭证中，有些凭证没有审核或未经出纳签字，属于不能记账的凭证，需审核或出纳签字后再记账。

③ 记账向导三：确认无误后，单击"记账"按钮，系统开始登录有关的总账和明细账。

记账过程如下：自动登记总账、明细账和所有辅助核算账；作废凭证如果不删除，则也应执行记账；一个月内可执行多次记账工作。

不能进行记账处理的原因：如为第一次执行记账，则原因一般为期初余额试算不平；上月未结账；未审核、未经出纳签字的凭证不能记账。

(5) 账簿查询。包括总账，明细账，余额表，多栏账，客商往来账，账龄分析，个人、部门、项目账簿，日记账，等等。

恢复记账前状态方法如下：

① 在期末对账界面，按 **Ctrl+H** 快捷键，激活"凭证"菜单中的"恢复记账前状态"功能。

② 选择恢复方式。

5. 期末业务处理——转账

(1) 自动转账。

① 为了保证转账数据正确，在执行自动转账凭证生成前，必须保证所有相关的日常凭证均已记账。

② 在汇兑损益生成前，应先录入月末调整汇率，再执行转账凭证生成操作。

③ 转账之后的凭证需审核和记账。

(2) 期间损益结转注意事项。

① 先要进行转账定义后，才能进行期间损益结转的凭证生成。

② 执行转账生成操作前，要求经济业务发生的凭证都要进行审核、记账处理。

③ 转账生成的新凭证要进行后续处理(凭证审核、记账)。

④ 如果第一个月进行了期间损益的转账定义，以后月份又新增损益类明细科目，应

重新进行转账定义(先清除本年利润科目,再重新输入本年利润的科目编码)。

6. 期末业务处理——结账

在手工会计处理中,都有结账的过程,在计算机会计处理中也应有这一过程,以符合会计制度的要求,总账系统月底需进行结账操作。

(1) 已经结账的月份不能再填制凭证。

(2) 每月对账正确后才能结账。

(3) 年底结账时,先进行数据备份后再结账。

(4) 本月有未审核凭证不能结账。

(5) 本月有未记账凭证不能结账(作废凭证未记账也不能结账)。

(6) 上月未结账本月不能结账。

(7) 总账系统与其他系统对账不一致,不能结账。

7. 生成报表

关于 UFO 报表的相关内容,详见图 3-7～图 3-9。

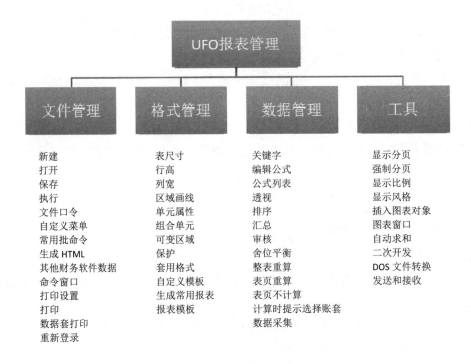

图 3-7　UFO 报表的主要功能

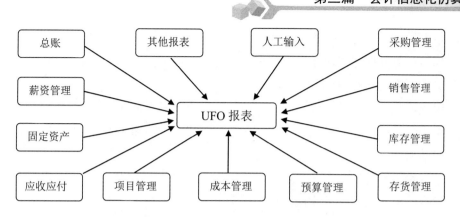

图 3-8　UFO 系统与其他系统接口

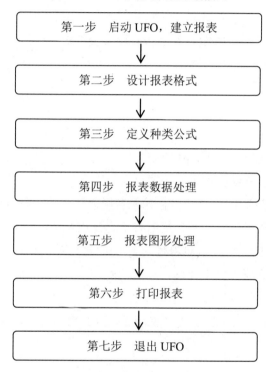

图 3-9　UFO 报表的基本操作流程

(1) 报表设计——通过模板设计报表。

① 进入 UFO 报表系统,单击"新建"按钮。

② 选择"格式"→"报表模板"命令,选择行业和报表名称(所选行业性质必须与建账所选账套的行业性质保持一致)。

③ 录入单位名称,添加制表人信息。

④ 单击左下角的"格式"按钮,切换至数据状态。

⑤ 选择"数据"→"关键字"→"录入"命令,录入计算期间,确认。

⑥ 系统自动计算,核对数据后保存并命名。

(2) 报表生成——通过模板生成报表。

① 当月业务处理完毕，凭证审核记账后可生成当期报表。

② 进入 UFO 报表，打开需要生成的报表文件。

③ 在数据状态下选择"编辑"→"追加"→"表页"命令。

④ 选中新增的表页，录入关键字(选择"数据"→"关键字"→"录入"命令)。

⑤ 确认后进行计算。

⑥ 核对金额后保存。

(3) 资产负债报表数据的生成。

① 新建或打开资产负债表文件(*.rep)。

② 格式状态：设置关键字和单元公式。

③ 数据状态：追加一张表页(查看是否有该月表页)。

④ 数据状态：录入对应的关键字。

⑤ 执行表页重算。

⑥ 保存。

(4) 利润表的生成(年中启用系统)。

① 新建或打开利润表文件(*.rep)。

② 格式状态：设置关键字和单元公式。

③ 数据状态：输入关键字(在月份栏输入启用会计月的上月月份)

④ 格式状态：将"累计发生额"栏所有单元公式剪切。

⑤ 数据状态：手工录入上月(启用月的上月)的累计发生额。

⑥ 数据菜单栏：标识表页不计算。

⑦ 格式状态：将累计发生额公式复制回来。

⑧ 数据状态：追加一张表页，录入关键字(启用会计月)，计算。

⑨ 保存。

第四篇

财务管理仿真实训

一、实训资料

(一)公司有关筹资和投资情况

锦华丝绸服装有限公司为了扩大生产规模,决定筹资新建一条成衣生产流水线。考虑到企业股权结构,公司董事会决定筹措长期债务资本。该生产流水线预计使用期为10年,投资总额150万元,建设期为1年,拟于6月1日开工。银行的借款年利率为7.2%;若发行债券筹资,则应支付筹资费用15万元,债券票面利率拟定8%,面值为1 000元。

(二)行业财务比率指标(见表4-1)

表4-1 行业财务比率指标

序号	主要指标	行业平均值
	一、偿债能力比率	
1	流动比率	2.1
2	速动比率	1.3
3	现金比率	0.7
4	资产负债率	65%
5	产权比率	0.8
6	利息保障倍数	1.6
	二、盈利能力比率	
7	营业毛利率	38.5%
8	营业净利率	10%
9	净资产收益率	20%
10	总资产报酬率	7%
	三、营运能力比率	
11	应收账款周转率	7.5
12	存货周转率	6.5
13	营业周期	15
14	流动资产周转率	1.9
15	固定资产周转率	0.8
16	总资产周转率	1.2
	四、发展能力比率	
17	营业收入增长率	5%
18	资产增长率	2%
19	资本积累率	1%
20	净收益增长率	0.5%

二、实训的内容和要求

(一)筹资和投资决策

根据公司有关筹资和投资情况,对以下内容进行分析,进行筹资和投资决策,编写分析报告。

(1) 企业选择负债筹资是否合适?筹资后资产负债率为多少?

(2) 比较借款和发行债券的资金成本,确定在选择负债筹资的情况下,以何种方式筹资。

(3) 若投资项目投产后,每年能实现净利润 12 万元。判断该投资项目是否可行。

(二)财务报表分析

(1) 对本期会计报表进行趋势分析、结构分析。

(2) 对本期企业的偿债能力、盈利能力、营运能力、发展能力进行综合分析和评价。

(3) 运用杜邦分析法进行财务状况的综合分析。

(4) 对本期成本费用进行分析。分析各车间单位产品成本升降情况及原因;分析主要产品总成本和单位成本的变动原因;编写成本费用分析报告。

(5) 编写财务报表分析报告。

三、实训程序

财务报表分析工作是一项比较复杂的工作,必须按科学的程序进行。一般应按以下财务报表分析程序进行操作。

1. 确定分析目标

财务报表分析具有广泛的用途。企业短期债权人分析财务报表的目的,在于了解企业的短期偿债能力,便于短期贷款决策;企业长期债权人分析财务报表的目的,则在于了解企业的长期偿债能力,为长期贷款决策提供依据;企业的投资者分析财务报表的目的,在于获悉企业的经营业绩、获利能力、财务状况及资本结构等信息,这些信息对股票价值的高低有重大影响;企业经营管理者分析财务报表的目的,在于及时掌握企业的财务状况及经营成果,检查各项措施的执行情况,及时发现问题,采取有效措施,促使企业能够持续发展。

2. 明确分析范围

并不是每项财务报表分析都需要对企业的财务状况和经营成果进行全面分析,更多的情况是仅对其中的一个方面进行分析,或者是重点对某一方面进行分析,其他方面的分析仅起着参考作用。这要求在确定分析目标的基础上,按照成本效益原则明确分析范围,将有限的精力放在重点上。

3. 收集分析资料

收集资料是指根据已经确定的分析范围收集所需要的资料。通常财务报表是任何分析都需要的，除此之外，还需要相关的资料信息，如宏观经济政策信息、行业情况信息、企业内部数据(包括企业市场占有率、企业的销售政策与措施、产品品种、有关经济预测数据等)。信息的收集可通过查找资料、专题调研、座谈会或有关会议等多种渠道来完成。

4. 确定分析标准

财务报表分析的对象是特定的企业，但在得出分析结论的过程中，必须将企业的财务状况和经营业绩与分析标准相比较，从而进行判断。财务报表分析人员应根据分析目的和分析范围，对财务报表分析标准进行选择。分析标准有历史标准、行业标准、预算标准等。分析的标准很多，可选择其中的一个和多个作为分析评价的标准。

5. 选择分析方法

分析方法服从分析目的，应当根据不同的分析目的，采用不同的分析方法。常用的分析方法有比较分析法、比率分析法、趋势分析法和因素分析法。这些分析方法各有特点，在进行财务报表分析时可以结合使用。

6. 作出分析结论

在定性分析与定量分析的基础上，对企业的财务状况、经营成果和现金流量作出全面分析和评价，为决策提供直接依据。

财务人员在完成分析后，还要将分析结论形成财务分析报告。财务分析报告应写出分析内容、分析目的、分析方法、分析结论及相关意见和建议。财务分析报告应当论据充分、叙述清楚、分析透彻，充分表达分析结论，以供决策者使用。

扫一扫：获取实训用表

第五篇

审计仿真实训

一、实训需要有关资料

(一)审计单位基本背景资料

(1) 名称:锦华丝绸服装有限公司。

(2) 所有权结构:属于集体控股企业。

(3) 治理结构:设有董事会、监事会,运作情况良好。

(4) 组织结构:设有六个部门,机构设置精简而科学合理,内部控制健全、规范。

(5) 行业状况:行业的总体发展趋势良好,市场需求量稳定,价格竞争平稳有序。

(6) 经营情况:经营理念先进,业务增长率及财务业绩与主要竞争者相比略有领先。

(7) 法律环境及监管环境:无特殊影响因素。

(8) 会计政策变更的情况:无。

(9) 以前年度审计情况:信诚会计师事务所审计,标准无保留意见。

(10) 其他途径查询情况:从银行、监管机构、工商部门以及网上查询等无不良反馈。

(二)会计师事务所基本情况

(1) 名称:信诚会计师事务所。

(2) 地址:汉东市兴旺路。

(3) 电话:0425-2890366。

(4) 主任会计师:王岩。

(5) 审计业务类型:首次接受业务委托;进行年度财务报表审计。

(6) 项目经理及成员:由事务所的注册会计师严红担任项目经理,项目组成员3人。

二、实训的内容和要求

(一)审计基本内容(见表5-1)

表5-1 审计基本内容

	审计环节	具体工作
1	了解和评价审计对象的可审性	(1) 接受业务委托
		(2) 决策是否考虑接受委托
		(3) 商定业务委托条款
		(4) 签订审计业务约定书等
2	计划审计工作	(1) 初步业务活动
		(2) 制定总体审计策略
		(3) 制定具体审计计划

续表

	审计环节	具体工作
3	风险评估程序	(1) 了解被审计单位及其环境 (2) 识别和评估重大错报风险
4	进一步程序	(1) 实施控制测试(如有必要) (2) 实施实质性程序
5	终结审计	(1) 汇总审计差异 (2) 提请调整或披露 (3) 复核审计工作底稿和财务报表 (4) 与管理层和治理层沟通 (5) 评价所有审计证据，形成审计意见 (6) 编制审计报告等

(二)审计实训基本要求

本次审计仿真综合实训，主要是根据锦华丝绸服装有限公司的业务资料及会计综合实训的结果资料等开展审计业务。要求完成以下工作：

(1) 签订一份审计业务约定书。

(2) 编制总体审计策略。

(3) 完成各主要项目的实质性程序。

(4) 编制有关审计工作底稿。

(5) 编写审计报告。

(6) 整理审计档案。

三、财务报表审计的基本程序

(一)财务报表审计流程

财务报表审计业务的基本流程分为审计计划阶段、审计实施阶段和审计完成阶段。

1. 审计计划阶段

审计计划阶段包括以下基本内容。

(1) 开展初步业务活动。针对保持客户关系和具体审计业务实施相应的质量控制程序；评价遵守职业道德规范的情况，包括评价独立性；及时签订或修改审计业务约定书。审计业务约定书是指会计师事务所与被审计单位签订的，用于记录和确定审计业务的委托与受托关系、审计目标和范围、双方的责任以及报告的格式等事项的书面协议。

(2) 制定总体审计策略。注册会计师应当为审计工作制定总体审计策略。总体审计策略用以明确审计范围、时间和方向，并指导制订具体审计计划。

(3) 了解被审计单位及其环境并评估重大错报风险。注册会计师应当了解被审计单位及其环境，以足够识别和评估财务报表层次以及各类交易、账户余额、列报认定层次的重大错报风险。

(4) 制订具体审计计划。具体审计计划比总体审计策略更加详细，其内容包括为获取充分、适当的审计证据以将审计风险降至可接受的低水平，项目组成员拟实施的审计程序的性质、时间和范围。注册会计师可以使用标准的审计程序表或审计工作完成核对表，但应当根据具体审计业务的情况做出适当修改。

(5) 与治理层沟通。注册会计师应当直接与治理层沟通的事项包括以下内容：注册会计师的责任，计划的审计范围和时间。

2. 审计实施阶段

审计实施阶段的工作主要是指进一步审计程序，进一步审计程序包括控制测试和实质性程序。

(1) 控制测试。控制测试的目的是测试内部控制运行的有效性。控制测试与了解内部控制的目的不同，但两者采用审计程序的类型通常相同，包括询问、观察、检查和穿行测试。此外，控制测试的程序还包括重新执行。注册会计师应当根据控制测试的目的确定控制测试的时间，并确定拟信赖的相关控制的时点或期间。注册会计师应当设计控制测试，以获取控制在整个拟信赖的期间有效运行的充分、适当的审计证据。

(2) 实质性程序。实质性程序包括对各类交易、账户余额、列报的细节测试以及实质性分析程序。注册会计师应当针对评估的重大错报风险设计和实施实质性程序，以发现认定层次的重大错报。注册会计师应当根据各类交易、账户余额、列报的性质选择实质性程序的类型，如细节测试、实质性分析程序。可以运用的审计方法有：分析程序、查询法、函证法、检查文件和记录、检查有形资产、观察法、重新计算、重新执行、调节法、鉴定法等。在确定实质性程序的范围时，注册会计师应当考虑评估的认定层次重大错报风险和实施控制测试的结果。注册会计师评估的认定层次的重大错报风险越高，需要实施实质性程序的范围越广。如果对控制测试结果不满意，注册会计师应当考虑扩大实质性程序的范围。

3. 审计完成阶段

在审计完成阶段，注册会计师需要进行的工作主要包括：期后事项的审计、或有负债的审计、持续经营假设的审计、比较数据的审计、关联方和关联交易的审计、编制审计差异汇总表并完成试算平衡表、取得管理层声明和律师声明书、执行分析程序、撰写审计总结、完成审计工作底稿的复核、评价审计结果、与被审计单位管理层沟通后确定审计意见类型和审计报告措辞，并根据需要出具管理建议书。

(二)主要项目的实质性程序

本次仿真审计实训主要是练习"实质性程序"的实务操作，按业务循环并选择下列部分项目分别开展。

1. 货币资金审计作业计划(Z1)(见表 5-2)

表 5-2　货币资金审计作业计划(Z1)

内　　容	执行人	执行情况	底稿编号	备注
(1) 核对现金日记账、银行存款日记账、其他货币资金明细账与总账的余额是否相符			Z1-1	
(2) 监盘库存现金，编制"库存现金监盘表"			Z1-2	
(3) 取得或编制"银行存款余额明细表"，取得"银行对账单"，核对日记账、明细表、对账单			Z1-3	
(4) 取得或编制"银行存款余额调节表"，检查未达账项的真实性			Z1-4	
(5) 检查定期存款、限定用途的存款				
(6) 向所有开户银行进行函证，编制"银行存款函证结果汇总表"			Z1-5	
(7) 抽查大额货币资金收支的凭证记录			Z1-6	
(8) 截止测试				
(9) 检查外币折算的正确性				可套用 Z1-6
(10) 检查在财务报表中的列报			Z1-1	

2. 应收账款审计作业计划(Z2)(见表 5-3)

表 5-3　应收账款审计作业计划(Z2)

内　　容	执行人	执行情况	底稿编号	备注
(1) 取得明细表，进行账账核对、账表核对			Z2-1	
(2) 实施分析性测试				
(3) 审查应收账款账龄分析表			Z2-2	
(4) 函证应收账款			Z2-3	
(5) 抽查凭证，检查账务处理			Z2-4	
(6) 检查贴现、质押或出售				
(7) 取得或编制坏账准备分析表，审查坏账准备计提			Z2-5	
(8) 检查在财务报表中的列报			Z2-1	

3. 存货审计作业计划(Z3)(见表 5-4)

表 5-4　存货审计作业计划(Z3)

内　容	执行人	执行情况	底稿编号	备注
(1) 取得明细表，进行账账核对、账表核对			Z3-1	
(2) 分析性测试			Z3-2	
(3) 存货的截止测试			Z3-3	
(4) 监盘存货			Z3-4	
(5) 存货的计价测试			Z3-5	
(6) 检查存货跌价准备			Z3-6	
(7) 抽查凭证，检查账务处理			Z3-7	
(8) 检查材料成本差异率			Z3-8	
(9) 检查在财务报表中的列报			Z3-1	

随身课堂

扫一扫：获取审计工作底稿

第六篇

经济业务原始凭证

扫一扫：获取经济业务原始凭证电子稿。

业务1-1

借 款 单

年　月　日　　　　　　　　　　　　　　　No：

单位或 部　门		借款人 姓　名		借　款 事　由		备注
申请借款 金　额	金额(大写)		¥			
批准金额	金额(大写)		¥			
领导批示				借款人		

公司领导：　　　　　　　单位主管：　　　　　　　借款人签章：

业务2-1

领　料　单

领料部门：
用　途：　　　　　　　　　　年　月　日　　　　　　凭证编号：

材料类别	材料名称及规格	计量 单位	数　量		计划 单价	金　额 (元)	
			请领	实领			第 二 联 记 账 联
合　计							

记账：　　　　　审批人：　　　　　领料：　　　　　发料：

业务2-2

领　料　单

领料部门：
用　途：　　　　　　　　　　年　月　日　　　　　　凭证编号：

材料类别	材料名称及规格	计量 单位	数　量		计划 单价	金　额 (元)	
			请领	实领			第 二 联 记 账 联
合　计							

记账：　　　　　审批人：　　　　　领料：　　　　　发料：

业务2-3

领 料 单

领料部门：
用　途：　　　　　　　　　　　　年　月　日　　　　凭证编号：

材料类别	材料名称及规格	计量单位	数量		计划单价	金额(元)	
			请领	实领			第二联　记账联
合　计							

记账：　　　　　　审批人：　　　　　　领料：　　　　　　发料：

业务2-4

领 料 单

领料部门：
用　途：　　　　　　　　　　　　年　月　日　　　　凭证编号：

材料类别	材料名称及规格	计量单位	数量		计划单价	金额(元)	
			请领	实领			第二联　记账联
合　计							

记账：　　　　　　审批人：　　　　　　领料：　　　　　　发料：

业务2-5

领 料 单

领料部门：
用　途：　　　　　　　　　　　年　月　日　　　　　凭证编号：

材料类别	材料名称及规格	计量单位	数　量		计划单价	金　额(元)	
			请领	实领			第二联　记账联
合　计							

记账：　　　　　　审批人：　　　　　领料：　　　　　发料：

业务2-6

领 料 单

领料部门：
用　途：　　　　　　　　　　　年　月　日　　　　　凭证编号：

材料类别	材料名称及规格	计量单位	数　量		计划单价	金　额(元)	
			请领	实领			第二联　记账联
合　计							

记账：　　　　　　审批人：　　　　　领料：　　　　　发料：

业务2-7

领 料 单

领料部门：
用　途：　　　　　　　　　　年　月　日　　　　凭证编号：

材料类别	材料名称及规格	计量单位	数量		计划单价	金额(元)
			请领	实领		
合　计						

记账：　　　　　　审批人：　　　　　　领料：　　　　　　发料：

第二联 记账联

业务3-1

辽宁证券中央登记清算公司

983242		成交过户交割凭单	卖
股东编号：	A138652	成交证券：	宏利股份有限公司
电脑编号：	39562	成交数量：	5 000
公司编号：	936	成交价格：	14.50
申请编号：	625	成交金额：	72 500.00
申报时间：	08:00	标准佣金：	10.00
成交时间：	09:39	过户费用：	10.00
上次余额：	10 000(股)	印花税：	30.00
本次成交：	5 000(股)	应收金额：	
本次余额：	5 000(股)	附加费用：	50.00
本次库存：		实收金额：	72 400.00

经办单位：汉东市证券公司营业部　　客户签章：锦华丝绸服装有限公司　　日期：2019 年 12 月 2 日

业务4-1

借 款 单

年 月 日　　　　　　　　　　No:

单位或部门		借款人姓名		借款事由		备注：
申请借款金额	金额(大写)		￥_____			
批准金额	金额(大写)		￥_____			
领导批示				借款人		

公司领导：　　　　　　单位主管：　　　　　　借款人签章：

业务4-2

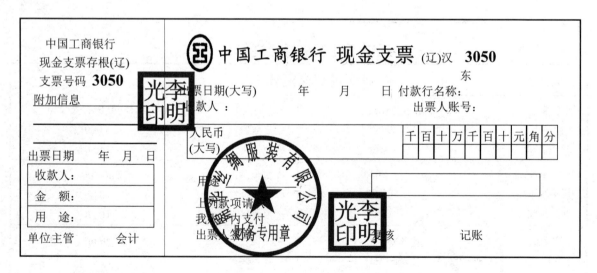

业务5-1

产 品 销 售 通 知 单

购货单位：营销部　　　　　　　　2019 年 12 月 3 日　　　　　　　　凭证编号：

产品类别	产品名称及规格	计量单位	数 量	单 价	总 价	备注
男士真丝服装	男士真丝睡衣	套	100	580.00	58 000.00	
	男士真丝印花睡衣	套	100	560.00	56 000.00	
	男士真丝印花睡袍	件	100	320.00	32 000.00	
女士真丝服装	女士真丝睡衣	套	100	580.00	58 000.00	
	女士真丝印花睡衣	套	100	560.00	56 000.00	
	女式真丝印花睡裙	件	100	300.00	30 000.00	
合　　计					290 000.00	

第二联　记账联

销售主管：　高安康　　　　　　　　　　　　　　制单：　潘杰云

业务5-2

产 品 出 库 单

用　途：　　　　　　　　　　　　　　年　月　日　　　　　　　　凭证编号：

产品类别	产品名称及规格	计量单位	数　量	单位成本	总成本
合　计					

第二联　记账联

记账：　　　　　　　主管：　　　　　　　保管：　　　　　　　交库：

业务6-1

中国工商银行 业务委托书

委托日期 2019 年 12 月 3 日　　　　　　辽 A009621663

银行打印	(略)						
客户填写	业务类型	□电汇 □信汇 □本票申请书	☑汇票申请书 □其他		汇款方式	□普通 □加急	
	委托人	全　称	锦华丝绸服装有限公司	收款人	全　称	广州亮峰展览服务有限公司	
		账号或地址	012345600000		账号或地址	102051516301	
		开户行名称	工行汉东分行江北路分理处		开户行名称	工行广州市天河区支行	
		开户银行	辽宁 省 汉东市		开户银行	广东 省 广州 市	
	金额(大写) 人民币：叁万元整				亿 千 百 十 万 千 百 十 元 角 分 ¥ 3 0 0 0 0 0 0		
	支付密码				付出行签字：		
	加急汇款签字						
	用　途	展位租赁费					
	附加信息及用途：						

（盖章：工商银行汉东分行江北路分理处 业务专用章）

第三联 回单联

业务6-2

中国工商银行 收费凭证

2019 年 12 月 3 日

户　名	锦华丝绸服装有限公司				账　号	012345600000	
收费项目	起止号码	数　量	单　价	工本费	手续费	邮电费	
					1.00	2.00	
	金 额 小 计				1.00	2.00	
金额合计(大写)	叁元整				亿 千 百 十 万 千 百 十 元 角 分 ¥ 3 0 0		

（盖章：工行汉东分行江北路分理处 2019.12.xx 转账）

制票：郑倩倩　　　　　　　　复核：闫松

第一联 客户回单

业务6-3

中国工商银行　　　　　Ⅲ XI 078489

银　行　汇　票　　　　2

出票日期:贰零壹玖年壹拾贰月零叁日 (大写)	代理付款行:	行号:

收款人:	广州亮峰展览服务有限公司	账号:	102051516301

出票金额人民币(大写)：叁万元整

实际结算金额	人民币 (大写)	千	百	十	万	千	百	十	元	角	分

申请人:	锦华丝绸服装有限公司	账号或住址:	012345600000

出票行:汉东分行　行号：110	多余金额										
备　注：展位租赁费											
出票行签章 工商银行汉东分行营业处 2019年12月3日 汇票专用章	千	百	十	万	千	百	十	元	角	分	财务主管　　复核　　经办

此联代理付款行付款后作联行往来借方凭证

业务6-4

中国工商银行　　　　　Ⅲ XI 078489

银　行　汇　票　　　　3

出票日期:贰零壹玖年壹拾贰月零叁日 (大写)	代理付款行:	行号:

收款人:	广州亮峰展览服务有限公司	账号:	102051516301

出票金额人民币(大写)：叁万元整

实际结算金额	人民币 (大写)	千	百	十	万	千	百	十	元	角	分

申请人:	锦华丝绸服装有限公司	账号或住址:	012345600000

出票行:汉东分行　行号：110 备　注：展位租赁费	多余金额										
代理付款行签章 　　　年　月　日	千	百	十	万	千	百	十	元	角	分	财务主管　　复核　　经办

此联代理付款行兑付后随报销单位寄出票行

业务7-1

收 料 单

发票号码：
供应单位：　　　　　　　　　　　年　月　日　　　　　凭证编号：

材料类别	材料名称及规格	计量单位	数量		单价	买价	运杂费	实际成本	计划成本	成本差异
			发票	实收						
合计										

记账：　　　　　　　主管：　　　　　　　验收：　　　　　　　交料：

第二联 记账联

业务7-2-1

广东增值税专用发票
抵扣联

2101133998　　　　　　　　　　　　　　　　　　　　NO 015222789

开票日期：2019年12月4日

购货单位	名　　　称：锦华丝绸服装有限公司 纳税人识别号：200456789666666 地址、电话：汉东市江北路168号 0425-2883116 开户行及账号：工行汉东分行江北路分理处 012345600000	密码区	（略）

货物或应税劳务名称	规格型号	单位	数量	单价	金额	税率	税额
真丝针织印花面料		米	10000	85.00	850 000.00	13%	110 500.00
真丝针织面料		米	6000	80.00	480 000.00		62 400.00
合　计					¥1 330 000.00		¥172 900.00

价税合计（大写）	壹佰伍拾万零贰仟玖佰元整	（小写）¥1 502 900.00

销货单位	名　　　称：华美丝绸有限公司 纳税人识别号：260725661233568 地址、电话：深圳市罗湖区42号 0755-6177866 开户行及账号：工行深圳市罗湖支行 012345655221	备注	（华美丝绸有限公司 260725661233568 发票专用章）

收款人：林木　　　复核：李平　　　开票人：柳青　　　销货单位：

第二联：抵扣联 购货方抵扣凭证

业务7-2-2

广东增值税专用发票
发票联

2101133998　　　　　　　　　　　　　　　NO　015222789

开票日期：2019年12月4日

购货单位	名　　称	锦华丝绸服装有限公司	密码区	（略）
	纳税人识别号	200456789666666		
	地址、电话	汉东市江北路168号 0425-2883116		
	开户行及账号	工行汉东分行江北路分理处 012345600000		

货物或应税劳务名称	规格型号	单位	数量	单价	金额	税率	税额
真丝针织印花面料		米	10000	85.00	850 000.00	13%	110 500.00
真丝针织面料		米	6000	80.00	480 000.00		62 400.00
合　计					¥1 330 000.00		¥172 900.00

价税合计（大写） 壹佰伍拾万零贰仟玖佰元整　　　　　（小写）¥1 502 900.00

销货单位	名　　称	华美丝绸有限公司	备注	
	纳税人识别号	260725661233568		
	地址、电话	深圳市罗湖区42号 0755-6177866		
	开户行及账号	工行深圳市罗湖支行 012345655221		

收款人：林木　　复核：刘平　　开票人：柳青　　销货方：（章）

第三联：发票联　购货方记账凭证

业务7-3

银行承兑协议　2　　　　　00547

银行承兑汇票的内容：

付款人全称　锦华丝绸服装有限公司　　　收款人全称　华美丝绸有限公司

开户银行　工行汉东分行江北路分理处　　开户银行　工行深圳市罗湖支行

账　　号　012345600000　　　　　　　　账　　号　012345655221

汇票号码　0032548　　　　　　　　汇票金额（大写）壹佰伍拾万零叁仟玖佰玖拾元伍角整

签发日期　2019年12月4日　　　　　到期日期　2020年3月4日

以上汇票经承兑银行承兑，承兑申请人（下称申请人）愿遵守《银行结算办法》的规定及以下条款：

一、申请人于汇票到期日前将应付票款足额交存承兑银行。

二、承兑手续费按票面金额千分之（0.5）计算，在银行承兑时一次付清。

三、承兑汇票如发生任何交易纠纷，均由收付双方自行处理，票款于到期前仍按第一条办理不误。

四、承兑汇票到期日，承兑银行凭票无条件支付票款。如到期日之前申请人不能足额交付票款时，承兑银行对不足支付部分的票款转作承兑申请人逾期贷款，并按有关规定计收罚息。

五、承兑票款付清后，本协议始自动失效。

本协议共一式三联分别由承兑银行信贷部门和承兑申请人存执，其副本由银行会计部门留存。

承兑银行　　　　　　　（章）　　承兑申请人

订立承兑协议日期 2019年12月4日

业务7-4-1

广东增值税专用发票
抵扣联

2101145991　　　　　　　　　　　　　　　　　　NO　015223378

开票日期：2019年12月4日

购货单位	名　　　称：锦华丝绸服装有限公司 纳税人识别号：200456789666666 地　址、电　话：汉东市江北路168号 0425-2883116 开户行及账号：工行汉东分行江北路分理处 012345600000	密码区	（略）		
货物或应税劳务名称	规格型号	单位	数量	单价	金额	税率	税额
运输费 合　计			1	1000.00	1000.00 ￥1000.00	9%	90.00 ￥90.00
价税合计(大写)	壹仟零玖拾元整				(小写)￥1090.00		
销货单位	名　　　称：深圳铁路货运公司 纳税人识别号：200123456554412 地　址、电　话：深圳市罗湖区 65号 0755-4288799 开户行及账号：工行深圳市罗湖支行 012345666748	备注	深圳市罗湖区42号至汉东市江北路168号 服装面料 印花税0.5元		

收款人：林海　　复核：赵红　　开票人：徐青　　销货单位：

业务7-4-2

广东增值税专用发票
发票联

2101145991　　　　　　　　　　　　　　　　　　NO　015223378

开票日期：2019年12月4日

购货单位	名　　　称：锦华丝绸服装有限公司 纳税人识别号：200456789666666 地　址、电　话：汉东市江北路168号 0425-2883116 开户行及账号：工行汉东分行江北路分理处 012345600000	密码区	（略）		
货物或应税劳务名称	规格型号	单位	数量	单价	金额	税率	税额
运输费 合　计			1	1000.00	1000.00 ￥1000.00	9%	90.00 ￥90.00
价税合计(大写)	壹仟零玖拾元整				(小写)￥1090.00		
销货单位	名　　　称：深圳铁路货运公司 纳税人识别号：200123456554412 地　址、电　话：深圳市罗湖区 65号 0755-4288799 开户行及账号：工行深圳市罗湖支行 012345666748	备注	深圳市罗湖区42号至汉东市江北路168号 服装面料 印花税0.5元		

收款人：林海　　复核：赵红　　开票人：徐青　　销货单位：(章)

业务7-5

银行承兑汇票（卡片） 1   汇票号码 0032548

出票日期：贰零壹陆年零壹拾月零肆日　　第　号

承兑申请人	全称	锦华丝绸服装有限公司			收款人	全称	华美丝绸有限公司		
	账号	012345600000				账号	102030151516		
	开户银行	工行汉东分行江北路分理处		行号		开户银行	工行深圳市罗湖支行		行号

汇票金额	人民币（大写）壹佰伍拾万零叁仟玖佰玖拾元伍角整	千百十万千百十元角分 ¥ 1 5 0 3 9 9 0 5 0

汇票到期日：贰零贰零年叁月零肆日		
本汇票请你行承兑，到期无条件付款	承兑协议编号	交易合同号码
承兑申请人签章	汇票签发人签章负责	复核　记账

此联承兑行支付票款时作借方凭证

业务7-6

中国工商银行 收费凭证

2019 年 12 月 4 日

户　名	锦华丝绸服装有限公司			账　号	012345600000		
收费项目	起止号码	数　量	单　价	工本费	手续费	邮电费	
					752.00		
金额小计					752.00		
金额合计（大写）	柒佰伍拾贰元整			亿千百十万千百十元角分			¥ 7 5 2 0 0

制票：郑倩倩　　　　　　　　　　　　复核：闫松

第一联：客户回单

业务7-7

采购费用分配表

年　月　日

材料名称	分配标准	分配率	分配金额
合　计			

审核：　　　　　　　　　　　　　制表：

业务8-1

产品销售通知单

购货单位：上海益桥服装商场　　　2019 年 12 月 4 日　　　凭证编号：

产品类别	产品名称及规格	计量单位	数量	单价	总价	备注
男士真丝服装	男士真丝印花睡衣	套	100	560.00	56 000.00	
	男士真丝印花睡袍	件	200	320.00	64 000.00	
女士真丝服装	女士真丝印花睡衣	套	200	560.00	112 000.00	
	女士真丝印花睡裙	件	200	300.00	60 000.00	
合　计					292 000.00	

销售主管：　高安康　　　　　　　　　　　制单：潘杰云

第二联：记账联

业务8-2

产品出库单

用　途：　　　　　　　　　　　年　月　日　　　凭证编号：

产品类别	产品名称及规格	计量单位	数　量	单位成本	总成本
合　计					

记账：　　　　　　主管：　　　　　　保管：　　　　　　提货：

第二联 记账联

业务8-3

辽宁增值税专用发票
记账联

2101133345

NO 015224456

开票日期：2019年12月4日

购货单位	名　　　称： 上海益桥服装商场 纳税人识别号： 210363639465996 地　址、电话： 上海市虹口区 78 号 021-5667488 开户行及账号： 建行上海虹口支行 　　　　　　　21035851825587	密码区	(略)

货物或应税劳务名称	规格型号	单位	数量	单价	金额	税率	税额
男士真丝印花睡衣		套	100	560.00	56 000.00	13%	7 280.00
男士真丝印花睡袍		件	200	320.00	64 000.00		8 320.00
女士真丝印花睡衣		套	200	560.00	112 000.00		14 560.00
女士真丝印花睡裙		件	200	300.00	60 000.00		7 800.00
合　计					¥292 000.00		¥37 960.00

价税合计(大写)	叁拾贰万玖仟玖佰陆拾元整	(小写)¥329 960.00

销货单位	名　　　称： 锦华丝绸服装有限公司 纳税人识别号： 200456789666666 地　址、电话： 汉东市江北路 168 号 0425-2883116 开户行及账号： 工行汉东分行江北路分理处 　　　　　　　012345600000	备注	

收款人：　　　　　　复核：李凯　　　　开票人：刘丽敏　　　　销货单位：

第一联：记账联　销货方记账凭证

业务8-4

中国工商银行 进账单(收账通知) 3

年　月　日

出票人	全　称		收款人	全　称	
	账　号			账　号	
	开户银行			开户银行	

金额	人民币 (大写)		亿	千	百	十	万	千	百	十	元	角	分

票据种类		票据张数	
票据号码			

复核　　　　　　记账

此联是银行交给收款人的收账通知

业务8-5

业务9-1

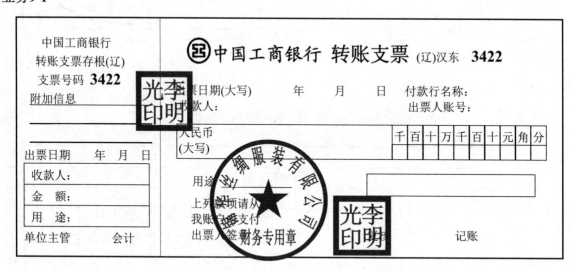

业务9-2

收 料 单

发票号码：
供应单位：　　　　　　　　　　　年　月　日　　　　　凭证编号：

材料类别	材料名称及规格	计量单位	数量		单价	买价	运杂费	实际成本	计划成本	成本差异
			发票	实收						
合计										

记账：　　　　　　主管：　　　　　　　验收：　　　　　　交料：

第二联　记账联

业务9-3-1

辽宁增值税专用发票

2102134998　　　　　　　　　　　　　　　　NO 015222789

开票日期：2019年12月5日

购货单位	名　　称：	锦华丝绸服装有限公司				密码区		（略）		
	纳税人识别号：	200456789666666								
	地　址、电话：	汉东市江北路168号 0425-2883116								
	开户行及账号：	工行汉东分行江北路分理处 012345600000								
货物或应税劳务名称		规格型号	单位	数量	单价		金额		税率	税额
包装盒			个	25000	4.00		100 000.00		13%	13 000.00
手提袋			个	25000	2.10		52 500.00			6 825.00
包装箱			个	2500	11.00		27 500.00			3 575.00
合　计							¥180 000.00			¥23 400.00
价税合计（大写）		贰拾万零叁仟肆佰元整					（小写）¥203 400.00			
销货单位	名　　称：	汉东装潢印刷厂				备注				
	纳税人识别号：	200456127566665								
	地　址、电话：	汉东市震泽区166号 0425-2885655								
	开户行及账号：	工行汉东市震泽支行 211565655221								

收款人：夏华　　　复核：齐华　　　开票人：赵庆　　　销货单位：

国税函〔2019〕1232号北京印钞厂

第二联：抵扣联　购货方扣税凭证

业务9-3-2

辽宁增值税专用发票
发票联

2102134998　　　　　　　　　　　　　　　　　　　NO 015222789

开票日期：2019年12月5日

购货单位	名　　　称：锦华丝绸服装有限公司 纳税人识别号：200456789666666 地　址、电　话：汉东市江北路168号 0425-2883116 开户行及账号：工行汉东分行江北路分理处 　　　　　　　012345600000	密码区	（略）
货物或应税劳务名称	规格型号	单位	数量	单价	金　额	税率	税额
包装盒		个	25 000	4.00	100 000.00	13%	13 000.00
手提袋		个	25 000	2.10	52 500.00		6 825.00
包装箱		个	2 500	11.00	27 500.00		3 575.00
合　计					¥180 000.00		¥23 400.00
价税合计（大写）	贰拾万零叁仟肆佰元整				（小写）¥203 400.00		
销货单位	名　　　称：汉东装潢印刷厂 纳税人识别号：20045612756665 地　址、电　话：汉东市震泽区166号 0425-2885655 开户行及账号：工行汉东市震泽支行 　　　　　　　211565655221	备注	
收款人：夏华　　　复核：齐华　　　开票人：赵庆			

业务10-1

行政事业性收费收据
发票联

付款单位：锦华丝绸服装有限公司　　　2019年12月5日　　　NO.13325

收费项目	计量单位	数量	单位收费标准	金　额						
				十万	万	千	百	十	元	角	分
捐资助学款					2	0	0	0	0	0	0
合计人民币（大写）：贰万零零佰零拾零元零角零分				¥	2	0	0	0	0	0	0
收款单位（盖章）　　　　　　收款人：萧宏　　　　　　开票人：李晓玲											

业务10-2

| 中国工商银行
转账支票存根(辽)
支票号码 **3423**
附加信息

出票日期　年　月　日
收款人：
金　额：
用　途：
单位主管　　　会计 | 中国工商银行 转账支票 (辽)汉东　**3423**
出票日期(大写)　年　月　日　付款行名称：
出票人：　　　　　　　　　　　出票人账号：
人民币
(大写)
用途
上列款项请从
我账户内支付
出票人签章　　　　　　　　　复核　　　记账 |

业务10-3

通　知

财务部：

依据公司董事会决定，请通过汉东市希望工程向汉东市希望小学捐资助学款人民币贰万元整(￥20 000.00 元)。

汉东市希望工程的开户行为农行汉东支行新民分理处，账号：173535—56。

同意　李明光

办公室

2019年12月5日

业务11-1

| 中国工商银行
现金支票存根(辽)
支票号码 **3051**
附加信息

出票日期　年　月　日
收款人：
金　额：
用　途：
单位主管　　　会计 | 中国工商银行 现金支票 (辽)汉东　**3051**
出票日期(大写)　年　月　日　付款行名称：
出票人：　　　　　　　　　　　出票人账号：
人民币
(大写)
用途
上列款项请从
我账户内支付
出票人签章　　　　　　　　　　　　记账 |

业务 12-1

托收凭证(付款通知)

5

委托日期 2019 年 12 月 3 日　　付款日期：2019 年 12 月 6 日

业务类型	委托收款(☑邮划、口电划)　托收承付(口邮划、口电划)													
付款人	全 称	锦华丝绸服装有限公司			收款人	全 称	华美丝绸有限公司							
	账 号	012345600000				账 号	012345655221							
	地 址	省汉东 市 县	开户行			地 址	省深圳市 县		开户行					
金额	人民币(大写)	陆拾肆万元整			亿	千	百	十	万	千	百	十	元	角	分
						¥	6	4	0	0	0	0	0	0
款项内容	货款	托收凭据名称	发票、运费单	附寄单证张数					3					
商品发运情况	已发货		合同名称号码	1188										
备注：付款人开户银行收到日期 2019 年 12 月 3 日 复核：尚晴 记账：于亚			付款人注意 1.根据支付结算办法，上列委托收款(托收承付)款项，在付期限内未提出拒付，即视为同意付款。以此代付款通知。 2.如需提出全部或部分拒付，应在规定期限内，将拒付理由书并债务证明退交开户银行。												

（工行汉东分行江北路分理处 2019.12.xx 转账 付款人开户银行签章 2019 年 12 月 6 日）

此联付款人开户银行给付款人按期付款通知

业务13-1

中国工商银行 联行来账凭证

2019 年 12 月 6 日　　凭证编号 2415

付款人全称：中友百货有限责任公司	收款人全称：锦华丝绸服装有限公司
账　号：91012751801456	账　号 012345600000
开户行行号：00563210	开户行行号 01025636
开户银行：建行北京西单支行	开户银行 工行汉东分行江北路分理处
币种：人民币	金额：¥112 000.00
日期：20191206	业务种类
种类：大额	柜员：赵明
备注：货款	

（工行汉东分行江北路分理处 2019.12.xx 转账 主管：郑艳）

第三联 客户入账通知

业务14-1

辽宁增值税普通发票
发票联

2101133215

NO 015227823
开票日期：2019年12月6日

购货单位	名　　称	锦华丝绸服装有限公司	密码区	（略）
	纳税人识别号	200456789666666		
	地址、电话	汉东市江北路168号 0425-2883116		
	开户行及账号	工行汉东分行江北路分理处 012345600000		

货物或应税劳务名称	规格型号	单位	数量	单价	金额	税率	税额
培训费			1	970.87	970.87	3%	29.13
合计					￥970.87		￥29.13

| 价税合计（大写） | 壹仟元整 | （小写）￥1000.00 |

销货单位	名　　称	汉东正同科技有限公司	备注	
	纳税人识别号	200123456136421		
	地址、电话	汉东市永兴路123号 0425-2877659		
	开户行及账号	工行江北路分理处 102030405632		

收款人：夏哲　　复核：李鹏　　开票人：于雨　　销货单位：

业务15-1

差 旅 费 报 销 单

年　　月　　日

姓　名		出差事由		出差日期		自　年　月　日 自　年　月　日共　天				
出发地		到达地		车船费	出差补助			宿费	市内车费	邮电费	其他	合计
月	日	起点	月	日	终点		天数	标准	金额					
小　计：														
合计（大写）：							预支　　元 核销　　元 退(补)　　元							

会计主管：　　　　　　部门：　　　　　　审核：

业务15-2

E035235	检票: 13
汉东站 → G1233次 上海站	
HanDong ShangHai	
2019年11月28日 7:30开 04车16号	
￥732.00元 ☒ 二等座	
限乘当日当次车	
2106051969****0057 周迪	
买票请到12306 发货请到95306	
中国铁路祝您旅途愉快	

E035236	检票: 10
上海站 → G1232次 汉东站	
ShangHai HanDong	
2019年12月5日 6:56开 07车20号	
￥732.00元 ☒ 二等座	
限乘当日当次车	
2106051969****0057 周迪	
买票请到12306 发货请到95306	
中国铁路祝您旅途愉快	

业务15-3

收 据

年　月　日　　　　　　　编号：

交款单位＿＿＿＿＿＿＿　交款人＿＿＿＿＿＿＿

交　来＿＿＿＿＿＿＿＿＿＿＿＿＿＿＿＿＿＿款

人民币(大写)＿＿＿＿＿＿＿＿＿＿＿＿＿＿＿＿

收款单位：　　　　会计主管：　　　　收款人：

（锦华丝绸服装有限公司 现金收讫 2019.12.xx）

业务15-4-1

上海增值税专用发票
抵扣联

2101133112　　　　　　　　　　　NO 015227112

开票日期：2019年12月6日

购货单位	名　称：锦华丝绸服装有限公司	密码区	(略)
	纳税人识别号：200456789666666		
	地　址、电话：汉东市江北路168号 0425-2883116		
	开户行及账号：工行汉东分行江北路分理处 012345600000		

货物或应税劳务名称	规格型号	单位	数量	单价	金额	税率	税额
住宿费		天	7	150.00	1 050.00	6%	63.00
合计					￥1 050.00		￥63.00

价税合计(大写)	壹仟壹佰壹拾叁元整		(小写)￥1 113.00

销货单位	名　称：君然大酒店	备注	(君然大酒店 20099656136421 发票专用章)
	纳税人识别号：200996656136421		
	地　址、电话：上海市秀浦路665号 021-6332788		
	开户行及账号：工行浦东新区分理处 102030558811		

收款人：夏华　　复核：齐华　　开票人：赵庆　　销货单位：

国税函[2019]1232号北京印钞厂

第二联：抵扣联　购货方扣税凭证

业务15-4-2

上海增值税专用发票
发票联

2101133112 NO 015227112

开票日期：2019年12月6日

购货单位	名　　　称：锦华丝绸服装有限公司 纳税人识别号：200456789666666 地　址、电　话：汉东市江北路168号 0425-2883116 开户行及账号：工行汉东分行江北路分理处 　　　　　　　012345600000	密码区	（略）
货物或应税劳务名称	规格型号	单位	数量	单价	金额	税率	税额
住宿费		天	7	150.00	1 050.00	6%	63.00
合计					¥1 050.00		¥63.00

价税合计（大写）：壹仟壹佰壹拾叁元整　　　　（小写）¥1 113.00

销货单位	名　　　称：君然大酒店 纳税人识别号：200996656136421 地　址、电　话：上海市秀浦路665号 021-6332788 开户行及账号：工行浦东新区分理处 　　　　　　　102030558811	备注	（君然大酒店发票专用章 200996656136421）

收款人：夏华　　复核：齐华　　开票人：赵庆　　销货单位：

业务16-1

中国工商银行还款凭证

ⅦⅧ000076778

收款日期：2019年12月7日

还款人	锦华丝绸服装有限公司	贷款人	中国工商银行汉东支行
存款账号	012345600000	贷款账号	65221134425
开户银行	工行汉东分行江北路分理处	开户银行	工行汉东分行江北路分理处
本息合计 币种（大写）	壹拾万元整	千百十万千百十元角分 ¥ 1 0 0 0 0 0 0 0	

收回：2019年12月7日　　　发放：2019年6月7日
到期的贷款本金：100000.00　　利息：
该笔贷款尚欠本金：　　　　　利息：
上述还贷款项我行已收妥。

（银行业务公章 工行汉东分行 2019.12.xx 转账）

制票：高小海　　　　　　　　复核：李平

业务17-1

中国工商银行　业务委托书

委托日期 2019 年 12 月 7 日　　　　　　辽 A009166621

银行打印	(略)																	第三联回单联
客户填写	业务类型	□电汇　□信汇　☑汇票申请书 □本票申请书　□其他			汇款方式		☑普通　□加急											
	委托人	全　　称	锦华丝绸服装有限公司			收款人	全　　称	黎明服装辅料厂										
		账号或地址	012345600000				账号或地址	102030151516										
		开户行名称	工行汉东分行江北路分理处				开户行名称	工行沈阳市三好街支行										
		开户银行	辽宁省 汉东市				开户银行	辽宁省 沈阳市										
	金额(大写) 人民币：壹拾万元整						亿	千	百	十	万	千	百	十	元	角	分	
							￥	1	0	0	0	0	0	0	0	0		
	支付密码					付出人签字：												
	加急汇款签字																	
	用　途	购原料																
	附加信息及用途：																	

业务17-2

中国工商银行 收费凭证

2019 年 12 月 7 日

户　名	锦华丝绸服装有限公司				账　号	012345600000										第一联客户回单
收费项目	起止号码	数　量	单　价	工本费	手续费	邮电费										
					1.00	2.00										
金额小计					1.00	2.00										
金额合计 (大写)	叁元整					亿	千	百	十	万	千	百	十	元	角	分
													￥	3	0	0

制票：郑倩倩　　　　　　　　复核：闫松

业务 17-3

中国工商银行　　　III XI048978

银 行 汇 票　　2

出票日期：贰零壹玖年壹拾贰月零柒日 (大写)	代理付款行：										行号：		
收款人：黎明服装辅料厂	账号：211565116523												
出票金额人民币(大写)：壹拾万元整													
实际结算金额	人民币 (大写)	千	百	十	万	千	百	十	元	角	分		
申请人：锦华丝绸服装有限公司	账号或住址：012345600000												
出票行：汉东分行 行号：110 备注：购料	多余金额												
出票行签章		千	百	十	万	千	百	十	元	角	分	财务主管　　复核　　经办	

（此联代理付款行付款后作联行往来借方凭证）

（盖章：商业银行汉东江北路分理处 汇票专用 2019年12月7日）

业务17-4

中国工商银行　　　III XI048978

银 行 汇 票　　3

出票日期：贰零壹玖年壹拾贰月零柒日 (大写)	代理付款行：										行号：		
收款人：黎明服装辅料厂	账号：211565116523												
出票金额人民币(大写)：壹拾万元整													
实际结算金额	人民币 (大写)	千	百	十	万	千	百	十	元	角	分		
申请人：锦华丝绸服装有限公司	账号或住址：012345600000												
出票行：汉东分行 行号：110 备注：购料	多余金额												
代理付款行签章　年　月　日		千	百	十	万	千	百	十	元	角	分	财务主管　　复核　　经办	

（此联代理付款行兑付后随报销单位寄出票行）

业务18-1

购销合同

卖方：锦华丝绸服装有限公司
买方：沈阳新世界百货有限公司

为保护双方的合法权益，买卖双方根据《中华人民共和国合同法》的有关规定，经协商一致同意签订本合同，共同遵守。

一、货物名称、数量及金额

货物名称	计量单位	数量	无税单价	金额	税率	价税合计
男士真丝睡衣	套	500	580.00	290 000.00	13%	327 700
男士真丝印花睡衣	套	500	560.00	280 000.00	13%	316 400.00
女士真丝睡衣	套	500	580.00	290 000.00	13%	327 700.00
女士真丝印花睡衣	套	500	560.00	280 000.00	13%	316 400.00
合　　计				1 140 000.00		1 288 200.00

二、合同总金额：人民币壹佰贰拾捌万捌仟贰佰元整(￥1 288 200.00 元)。
三、付款时间及方式：
　　卖方采用分批次发货分次收款方式向买方发货和收取货款。签订合同当日卖方向买方首批发出男士真丝睡衣250套、男士真丝印花睡衣250套、女士真丝睡衣250套、女士真丝印花睡衣250套，买方向卖方首付合同总金额的50%，即人民币陆拾肆万肆仟壹佰元整(￥644 100.00 元)。其余50%货款在第二次交货时支付。
四、时间与地点：第二次交货时间：2020年1月7日，交货地点：沈阳新世界百货有限公司。
五、发运方式与运输费用负担方式：由卖方发货，运输费由买方负担。

　　卖方：锦华丝绸服装有限公司　　　　　　买方：沈阳新世界百货有限公司
　　授权代表：高安康　　　　　　　　　　　授权代表：潘伟
　　日期：2019年12月7日　　　　　　　　　日期：2019年12月7日

业务18-2

产品销售通知单

购货单位：沈阳新世界百货有限公司　　2019年12月7日　　　　凭证编号：

产品类别	产品名称及规格	计量单位	数量	单价	总价	备注
男士真丝服装	男士真丝睡衣	套	250	580.00	145 000.00	第二联　记账联
	男士真丝印花睡衣	套	250	560.00	140 000.00	
女士真丝服装	女士真丝睡衣	套	250	580.00	145 000.00	
	女式真丝印花睡衣	套	250	560.00	140 000.00	
合　计					570 000.00	

销售主管：高安康　　　　　　　制单：潘杰云

业务18-3

产品出库单

用途：　　　　　　　　　　　年　　月　　日　　　　　凭证编号：

产品类别	产品名称及规格	计量单位	数量	单位成本	总成本
合　计					

记账：　　　　　主管：　　　　　保管：　　　　　提货：

第二联　记账联

业务18-4

辽宁增值税专用发票

2101133345

NO 015224457

开票日期：2019年12月7日

购货单位	名　称：沈阳新世界百货有限公司 纳税人识别号：260725661233568 地　址、电话：沈阳和平区278号 024-3776689 开户行及账号：工行沈阳和平区支行 56694751801456	密码区	（略）

货物或应税劳务名称	规格型号	单位	数量	单价	金额	税率	税额
男士真丝睡衣		套	250	580.00	145 000.00	13%	18 850.00
男士真丝印花睡衣		套	250	560.00	140 000.00		18 200.00
女士真丝睡衣		套	250	580.00	145 000.00		18 850.00
女士真丝印花睡衣		套	250	560.00	140 000.00		18 200.00
合　计					¥570 000.00		¥74 100.00

价税合计(大写)	陆拾肆万肆仟壹佰元整	（小写）¥644 100.00

销货单位	名　称：锦华丝绸服装有限公司 纳税人识别号：200456789666666 地　址、电话：汉东市江北路168号 0425-2883116 开户行及账号：工行汉东分行江北路分理处 012345600000	备注	

收款人：　　　　复核：李凯　　　　开票人：刘丽敏　　　　销货单位：

第一联：记账联　销货方记账凭证

业务18-5

中国工商银行 **进账单**(收账通知) **3**
年 月 日

出票人	全 称		收款人	全 称											此联是银行交给收款人的收账通知
	账 号			账 号											
	开户银行			开户银行											
金额	人民币(大写)				亿	千	百	十	万	千	百	十	元	角	分
票据种类		票据张数													
票据号码															
复核　　　记账															

（开户银行签章：工行汉东分行江北路分理处 2019.12.xx 转讫）

业务19-1

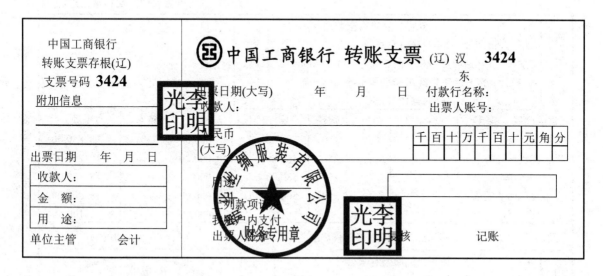

业务 19-2

工资结算汇总表
2019 年 11 月 30 日

项目	应付工资	代发款项		代扣款项						实发工资
		交通费	合计	养老保险8%	医疗保险2%	失业保险1%	住房公积金5%	个人所得税	合计	
服装生产车间 生产工人(65人)	183 000.00	650.00	650.00	14 640.00	3 660.00	1 830.00	9 150.00	53.90	29 333.90	154 316.10
服装生产车间 管理人员(6人)	15 300.00	60.00	60.00	1 224.00	306.00	153.00	765.00		2 448.00	12 912.00
质检包装车间 生产人员(45人)	114 252.00	450.00	450.00	9 140.00	2 285.04	1 142.52	5 712.60	36.84	18 317.16	96 384.84
质检包装车间 管理人员(4人)	11 235.00	40.00	40.00	898.80	224.70	112.35	561.75		1 797.60	9 477.40
供电车间(8人)	22 365.00	80.00	80.00	1 789.20	447.30	223.65	1 118.25	4.25	3 582.65	18 862.35
机修车间(8人)	21 543.00	80.00	80.00	1 723.44	430.86	215.43	1 077.15	5.50	3 452.38	18 170.62
采购部(5人)	16 840.00	50.00	50.00	1 347.20	336.80	168.40	842.00	2.86	2 697.26	14 192.74
生产经营部(6人)	14 590.00	60.00	60.00	1 167.20	291.80	145.90	729.50	3.15	2 337.55	12 312.45
营销部(8人)	24 561.00	80.00	80.00	1 964.88	491.22	245.61	1 228.05	4.26	3 934.02	20 706.98
研发部(4人)	13 563.00	40.00	40.00	1 085.04	271.26	135.63	678.15	5.34	2 175.42	11 427.58
财务部(6人)	15 420.00	60.00	60.00	1 233.60	308.40	154.20	771.00	6.25	2 473.45	13 006.55
综合办公室(15人)	46 298.00	150.00	150.00	3 703.84	925.96	462.98	2 314.90	15.65	7 423.33	39 024.67
合　计	498 967.00	1 800.00	1 800.00	39 917.36	9 979.34	4 989.67	24 948.35	138.00	79 972.72	420 794.28

业务20-1

领 料 单

领料部门：
用　途：　　　　　　　　　　　年　月　日　　　　凭证编号：

材料类别	材料名称及规格	计量单位	数量		计划单价	金额(元)
			请领	实领		
合　计						

记账：　　　　　审批人：　　　　　领料：　　　　　发料：

第二联　记账联

业务21-1

辽宁增值税普通发票

发票联

2101168215　　　　　　　　　　　　　　　　NO　015227823

开票日期：2019年12月9日

购货单位	名　　称：锦华丝绸服装有限公司 纳税人识别号：200456789666666 地　址、电话：汉东市江北路168号 0425-2883116 开户行及账号：工行汉东分行江北路分理处 　　　　　　　012345600000				密码区	(略)		
货物或应税劳务名称	规格型号	单位	数量	单价	金额	税率	税额
餐饮费 合计			1	3000.00	3000.00 ¥3000.00	6%	180.00 ¥180.00
价税合计(大写)	叁仟壹佰捌拾元整				(小写)¥3180.00		
销货单位	名　　称：东华大酒店 纳税人识别号：200123456166532 地　址、电话：汉东市季海路55号 0425-3221166 开户行及账号：工行季海路分理处 　　　　　　　102030115236				备注	东华大酒店 200123456166532 发票专用章		

收款人：李铠　　　复核：于梅　　　开票人：于梅　　　销货单位：

国税函[2019]1232号北京印钞厂

第二联：发票联　购货方记账凭证

业务22-1-1

辽宁增值税专用发票
抵扣联

2101134563

NO 015222323

开票日期：2019年12月9日

购货单位	名　　称：锦华丝绸服装有限公司 纳税人识别号：200456789666666 地　址、电　话：汉东市江北路168号 0425-2883116 开户行及账号：工行汉东分行江北路分理处 012345600000	密码区	（略）		
货物或应税劳务名称	规格型号	单位	数量	单价	金额	税率	税额
汽车修理费 合　计			1	4000.00	4 000.00 ¥4 000.00	13%	520.00 ¥520.00

价税合计(大写)　　肆仟伍佰贰拾元整　　　　　　　　(小写)¥4 520.00

| 销货单位 | 名　　称：东陵汽车修理修配厂
纳税人识别号：200123456990088
地　址、电　话：汉东市解放路45号 0425-3221443
开户行及账号：工行汉东分行解放路分理处 012345223344 | 备注 |  |

收款人：徐新　　复核：　　开票人：万东升　　销货单位：

第二联：抵扣联　购货方抵扣凭证

业务22-1-2

辽宁增值税专用发票
发票联

2101134563

NO 015222323

开票日期：2019年12月9日

购货单位	名　　称：锦华丝绸服装有限公司 纳税人识别号：200456789666666 地　址、电　话：汉东市江北路168号 0425-2883116 开户行及账号：工行汉东分行江北路分理处 012345600000	密码区	（略）		
货物或应税劳务名称	规格型号	单位	数量	单价	金额	税率	税额
汽车修理费 合　计			1	4000.00	4000.00 ¥4000.00	13%	520.00 ¥520.00

价税合计(大写)　　肆仟伍佰贰拾元整　　　　　　　　(小写)¥4 520.00

| 销货单位 | 名　　称：东陵汽车修理修配厂
纳税人识别号：200123456990088
地　址、电　话：汉东市解放路45号 0425-3221443
开户行及账号：工行汉东分行解放路分理处 012345223344 | 备注 |  |

收款人：徐新　　复核：　　开票人：万东升　　销货单位：

第三联：发票联　购货方记账凭证

业务22-2

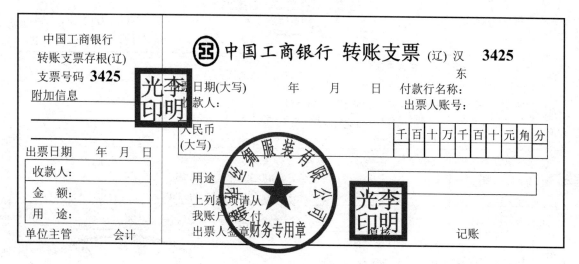

业务23-1-1

辽宁增值税专用发票 抵扣联

2101133900　　　　　　　　　　　　　　　　NO 015222000

开票日期：2019年12月9日

购货单位	名　　称：锦华丝绸服装有限公司 纳税人识别号：200456789666666 地　址、电话：汉东市江北路168号 0425-2883116 开户行及账号：工行汉东分行江北路分理处 　　　　　　　012345600000	密码区	（略）

货物或应税劳务名称	规格型号	单位	数量	单价	金额	税率	税额
无纺衬		米	6000	1.60	9 600.00	13%	1 248.00
花边		米	3000	23.00	69 000.00		8 970.00
缝纫线		轴	1000	6.20	6 200.00		806.00
合　计					¥ 84 800.00		¥11 024.00

价税合计（大写）	玖万伍仟捌佰贰拾肆元整	（小写）¥95 824.00

销货单位	名　　称：黎明服装辅料厂 纳税人识别号：233820012751230 地　址、电话：沈阳市三好街16号 024-4211655 开户行及账号：工行沈阳市三好街支行 　　　　　　　211565116523	备注	

收款人：赵利　　　　复核：王维　　　　开票人：李希　　　　销货单位：

业务23-1-2

辽宁增值税专用发票

2101133900

发票联

NO 015222000

开票日期：2019年12月9日

购货单位	名　　称：锦华丝绸服装有限公司 纳税人识别号：200456789666666 地　址、电　话：汉东市江北路168号 0425-2883116 开户行及账号：工行汉东分行江北路分理处 　　　　　　　　012345600000	密码区	（略）

货物或应税劳务名称	规格型号	单位	数量	单价	金额	税率	税额
无纺衬		米	6000	1.60	9 600.00	13%	1 248.00
花边		米	3000	23.00	69 000.00		8 970.00
缝纫线		轴	1000	6.20	6 200.00		806.00
合　计					¥84 800.00		¥11 024.00

价税合计(大写)	玖万伍仟捌佰贰拾肆元整	(小写)¥95 824.00

销货单位	名　　称：黎明服装辅料厂 纳税人识别号：233820012751230 地　址、电　话：沈阳市三好街16号 024-4211655 开户行及账号：工行沈阳市三好街支行 　　　　　　　　211565116523	备注	（黎明服装辅料厂 233820012751230 发票专用章）

收款人：赵利　　复核：王维　　开票人：李希　　销货单位：

国税函[2019]1232号北京印钞厂

第三联：发票联　购货方记账凭证

业务23-2

收　料　单

发票号码：
供应单位：　　　　　　　　　　年　月　日　　　　凭证编号：

材料类别	材料名称及规格	计量单位	数量		单价	买价	运杂费	实际成本	计划成本	成本差异
			发票	实收						
合计										

记账：　　　主管：　　　验收：　　　交料：

第二联　记账联

业务24-1-1

辽宁增值税专用发票
抵扣联

2104579122

NO 015221166

开票日期：2019年12月9日

购货单位	名　　称	锦华丝绸服装有限公司	密码区	(略)
	纳税人识别号	200456789666666		
	地址、电话	汉东市江北路168号 0425-2883116		
	开户行及账号	工行汉东分行江北路分理处 012345600000		

货物或应税劳务名称	规格型号	单位	数量	单价	金额	税率	税额
贝壳扣		盒	2 000	29.00	58 000.00	13%	7 540.00
合　计					¥58 000.00		¥7 540.00

价税合计(大写)	陆万伍仟伍佰肆拾元整	(小写)¥65 540.00

销货单位	名　　称	奇幻纽扣厂	备注	
	纳税人识别号	223820012751145		
	地址、电话	沈阳市皇姑366号 024-4266578		
	开户行及账号	工行沈阳市皇姑支行 211565666521		

收款人：文华　　复核：庞涓　　开票人：赵新　　销货单位：

第二联：抵扣联　购货方抵扣凭证

国税函[2019]1232号北京印钞

业务24-1-2

辽宁增值税专用发票
发票联

2104579122

NO 015221166

开票日期：2019年12月9日

购货单位	名　　称	锦华丝绸服装有限公司	密码区	(略)
	纳税人识别号	200456789666666		
	地址、电话	汉东市江北路168号 0425-2883116		
	开户行及账号	工行汉东分行江北路分理处 012345600000		

货物或应税劳务名称	规格型号	单位	数量	单价	金额	税率	税额
贝壳扣		盒	2 000	29.00	58 000.00	13%	7 540.00
合　计					¥58 000.00		¥7 540.00

价税合计(大写)	陆万伍仟伍佰肆拾元整	(小写)¥65 540.00

销货单位	名　　称	奇幻纽扣厂	备注	
	纳税人识别号	223820012751145		
	地址、电话	沈阳市皇姑366号 024-4266578		
	开户行及账号	工行沈阳市皇姑支行 211565666521		

收款人：文华　　复核：庞涓　　开票人：赵新　　销货单位：

第三联：发票联　购货方记账凭证

国税函[2019]1232号北京印钞

业务24-2

收　料　单

发票号码：　　　　　　　　　　　　　年　月　日　　　　凭证编号：
供应单位：

材料类别	材料名称及规格	计量单位	数量 发票	数量 实收	单价	买价	运杂费	实际成本	计划成本	成本差异
合计										

记账：　　　　　　主管：　　　　　　验收：　　　　　　交料：

第二联　记账联

业务25-1-1

辽宁增值税专用发票
抵扣联

2101139839　　　　　　　　　　　　　　　NO　015228927

开票日期：2019年12月9日

购货单位	名　　称：锦华丝绸服装有限公司 纳税人识别号：200456789666666 地　址、电　话：汉东市江北路168号 0425-2883116 开户行及账号：工行汉东分行江北路分理处 012345600000	密码区	（略）

国税函 [2019]1232号北京印钞厂

货物或应税劳务名称	规格型号	单位	数量	单价	金额	税率	税额
运输费			1	800.00	800.00	9%	72.00
合　计					¥800.00		¥72.00

价税合计（大写）　捌佰柒拾贰元整　　　　　　　　　　（小写）¥872.00

销货单位	名　　称：顺达运输公司 纳税人识别号：20045612756358 地　址、电　话：汉东市震泽区18号 0425-3442566 开户行及账号：工行汉东市震泽支行 211565653322	备注	（发票专用章）

收款人：李华　　　复核：卢欣　　　开票人：赵全　　　销货单位：

第二联：抵扣联　购货方抵扣凭证

业务25-1-2

2101139839

辽宁增值税专用发票
发票联

NO 015228927

开票日期：2019年12月9日

购货单位	名　　　称：锦华丝绸服装有限公司 纳税人识别号：200456789666666 地址、电话：汉东市江北路168号 0425-2883116 开户行及账号：工行汉东分行江北路分理处 012345600000	密码区	（略）

货物或应税劳务名称	规格型号	单位	数量	单价	金额	税率	税额
运输费			1	800.00	800.00	9%	72.00
合　计					¥800.00		¥72.00

价税合计(大写)	捌佰柒拾贰元整	(小写)¥872.00

销货单位	名　　　称：顺达运输公司 纳税人识别号：20045612756358 地址、电话：汉东市震泽区18号 0425-3442566 开户行及账号：工行汉东市震泽支行 211565653322	备注	（顺达运输公司 20045612756358 发票专用章）

收款人：李华　　复核：卢欣　　开票人：赵全　　销货单位：

业务25-2

采购费用分配表

年　月　日

材料名称	分配标准	分配率	分配金额
合　计			

审核：　　　　　　　　　　　　　　制表：

业务26-1

辽宁证券中央登记清算公司

103241		成交过户交割凭单		买
股东编号:	A138110	成交证券:	黎明公司债券	
电脑编号:	39562	成交数量:	100	
公司编号:	936	成交价格:		
申请编号:	6321	成交金额:	102 000.00	
申报时间:	10:00	标准佣金:	2 000.00	
成交时间:	11:20	过户费用:	10.00	
上次余额:		印花税:		
本次成交:	100(张)	应收金额:		
本次余额:		附加费用:	990.00	
本次库存:		实付金额:	105 000.00	

经办单位:汉东市证券公司营业部　　客户签章:锦华丝绸服装有限公司　　日期 2019 年 12 月 9 日

业务26-2

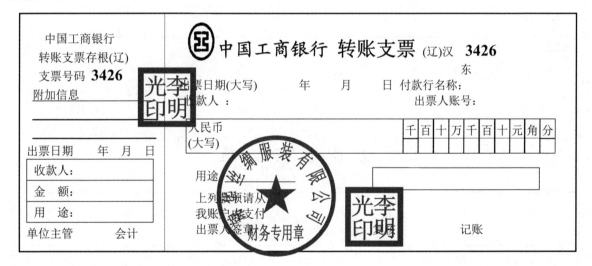

业务27-1

职工困难补助申请书

尊敬的公司领导:

　　由于我爱人身体有病,医药费开支很大,生活十分困难,请公司考虑我的困难,给予补助 1000.00 元,以解燃眉之急。

申请人:吴梦莹
2019 年 12 月 8 日

　　经研究,同意支付吴梦莹困难补助壹仟元整元。
　　　　　　　　批准人:赵红
　　　　　　　　2019 年 12 月 9 日

业务28-1

产 品 入 库 单

交库部门： 年 月 日 凭证编号：

产品类别	产品名称及规格	计量单位	数 量	单位成本	总成本
合 计					

第二联 记账联

记账： 主管： 保管： 交库：

业务29-1

差 旅 费 报 销 单

年 月 日

<table>
<tr><td colspan="3">姓 名</td><td colspan="3"></td><td colspan="2">出差事由</td><td colspan="2"></td><td colspan="1">出差日期</td><td colspan="4">自 年 月 日
自 年 月 日 共 天</td></tr>
<tr><td colspan="3">出 发 地</td><td colspan="3">到 达 地</td><td rowspan="2">车船费</td><td colspan="3">出 差 补 助</td><td rowspan="2">宿 费</td><td rowspan="2">市内车费</td><td rowspan="2">邮电费</td><td rowspan="2">其他</td><td rowspan="2">合计</td></tr>
<tr><td>月</td><td>日</td><td>起点</td><td>月</td><td>日</td><td>终点</td><td>天数</td><td>标准</td><td>金 额</td></tr>
<tr><td></td><td></td><td></td><td></td><td></td><td></td><td></td><td></td><td></td><td></td><td></td><td></td><td></td><td></td><td></td></tr>
<tr><td></td><td></td><td></td><td></td><td></td><td></td><td></td><td></td><td></td><td></td><td></td><td></td><td></td><td></td><td></td></tr>
<tr><td></td><td></td><td></td><td></td><td></td><td></td><td></td><td></td><td></td><td></td><td></td><td></td><td></td><td></td><td></td></tr>
<tr><td colspan="6">小 计：</td><td></td><td></td><td></td><td></td><td></td><td></td><td></td><td></td><td></td></tr>
<tr><td colspan="9">合计(大写)：</td><td colspan="6">预支 元 核销 元 退(补) 元</td></tr>
</table>

会计主管： 部门 ： 审核 ：

第六篇 经济业务原始凭证

业务29-2

```
Z115235                汉 HD 售
汉 东    T35次  → 杭 州
HanDong           HangZhou
2019年12月7日 7:30开   04车16号
￥165.00 元   □       新空调硬座
限乘当日当次车

齐威
2106051969****0057
21152201466241   Z115235
```

```
Z115236                杭 HZ 售
杭 州    T36次  → 汉 东
HangZhou           HanDong
2019年12月9日 9:56开   07车20号
￥165.00 元   □       新空调硬座
限乘当日当次车

齐威
2106051969****0057
21152201466241   Z115236
```

业务29-3

收　　　据

年　月　日　　　　　　　　　　　编号：

交款单位_____ 交款人_____

交　来_____款

人民币(大写)_____ ￥

收款单位：　　　　　会计主管：　　　　　收款人：

（加盖"锦华丝绸服装有限公司 2019.12.xx 现金收讫"印章）

业务29-4-1

浙江增值税专用发票（抵扣联）

2101131231   NO 018221271
                                        开票日期：2019年12月9日

购货单位	名　称	锦华丝绸服装有限公司	密码区	（略）		
	纳税人识别号	200456789666666				
	地址、电话	汉东市江北路168号 0425-2883116				
	开户行及账号	工行汉东分行江北路分理处 012345600000				

货物或应税劳务名称	规格型号	单位	数量	单价	金额	税率	税额
住宿费		天	2	178.00	356.00	6%	21.36
合计					￥356.00		￥21.36

价税合计(大写)	叁佰柒拾柒元叁角陆分	(小写)￥377.36

销货单位	名　称	杭州景莱宾馆	备注	（杭州景莱宾馆 20099656665599 发票专用章）
	纳税人识别号	200996656665599		
	地址、电话	杭州市西湖区36号 0571-3987766		
	开户行及账号	工行西湖区区分理处 102030556565		

收款人：牛溪　　复核：龚丽　　开票人：李强　　销货单位：

第二联：抵扣联 购货方抵扣凭证

业务29-4-2

浙江增值税专用发票
发票联

2101131231

NO 018221271
开票日期：2019年12月9日

购货单位	名　　称：锦华丝绸服装有限公司 纳税人识别号：200456789666666 地　址、电话：汉东市江北路168号 0425-2883116 开户行及账号：工行汉东分行江北路分理处 　　　　　　　012345600000	密码区	（略）

货物或应税劳务名称	规格型号	单位	数量	单价	金额	税率	税额
住宿费		天	2	178.00	356.00	6%	21.36
合计					¥356.00		¥21.36

价税合计(大写)	叁佰柒拾柒元叁角陆分	（小写）¥377.36

销货单位	名　　称：杭州景莱宾馆 纳税人识别号：200996656665599 地　址、电话：杭州市西湖区36号 0571-3987766 开户行及账号：工行西湖区分理处 　　　　　　　102030556565	备注	（杭州景莱宾馆发票专用章）

收款人：牛溪　　复核：龚丽　　开票人：李强　　销货单位：

业务30-1

库存现金盘点表

单位名称：　　　　　　　　　　　　　年　月　日

实存金额	账存金额	实存与账存对比		备注
		盘盈	盘亏	

盘点人签章：　　　　　　　　　　　　　出纳员签章：

业务30-2

现金短款审批表

2019年12月10日现金清查中查出现金短款150元(人民币壹佰伍拾元整)，根据情况经研究出纳员个人赔偿100元，核销50元，请予以批准。

同意　李明光
　　2019.12.10

财务部长：
二〇　　年　月　日

业务30-3

收　　　据
　　　　　　　年　　月　　日　　　　　　　　　编号：

交款单位_____	交款人_____
交　来_____款	
人民币(大写)_____￥_____	
收款单位：　　　　　会计主管：　　　　　收款人：	

业务31-1

```
                    2019    12    10
纳税人全称及纳税人识别号：锦华丝绸服装有限公司
                         200456789666666
付款人全称：锦华丝绸服装有限公司
付款人账号：012345600000                  征收机关名称：汉东市江北区地方税务局
付款人开户银行：工行汉东分行江北路分理处   收款国库(银行)名称：国家金库汉东市江北区支库
                                                         (中国工商银行汉东分行)
小写(合计)金额：211 562.00               缴款书交易流水号：20191210123654846
大写(合计)金额：贰拾壹万壹仟伍佰陆拾贰元整  费票号码：3201610100000009500
税(费)种名称：                            所属时期：        实缴金额：
企业基本养老保险费---企业基本养老保险个人部分 20191101-20191130   39 917.36
             ---企业基本养老保险企业部分 20191101-20191130   99 793.40
企业职工失业保险费---企业职工失业保险个人部分 20191101-20191130    4 989.67
             ---企业职工失业保险企业部分 20191101-20191130    9 979.35
企业职工医疗保险费---企业职工医疗保险个人部分 20191101-20191130    9 979.34
             ---企业职工医疗保险企业部分 20191101-20191130   39 917.35
企业职工生育保险费---企业职工生育保险企业部分 20191101-20191130    3 991.73
企业职工工伤保险费---企业职工工伤保险企业部分 20191101-20191130    2 993.80
第1次打印    第1页，共1页   M0000100000026   打印时间：2019  12  10
```

业务31-2

```
                    2019    12    10
纳税人全称及纳税人识别号：锦华丝绸服装有限公司
                         200456789666666
付款人全称：锦华丝绸服装有限公司
付款人账号：012345600000                  征收机关名称：汉东市住房公积金管理中心
付款人开户银行：工行汉东分行江北路分理处   收款国库(银行)名称：国家金库汉东市江北区支库(中
国工商银行汉东分行)
小写(合计)金额：49 896.70                缴款书交易流水号：20191210123654847
大写(合计)金额：肆万玖仟捌佰玖拾陆元柒角整  费票号码：3201604070000009546
税(费)种名称：                            所属时期：        实缴金额：
企业住房公积金---企业住房公积金个人部分    20191101-20191130   24 948.35
             ---企业住房公积金企业部分                        24 948.35
第1次打印    第1页，共1页   M0000100000027   打印时间：2019  12  10
```

业务 32-1

```
                    2019    12    10

纳税人全称及纳税人识别号：锦华丝绸服装有限公司
                              200456789666666
付款人全称：锦华丝绸服装有限公司
付款人账号：012345600000
付款人开户银行：工行汉东分行江北路分理处      征收机关名称：汉东市江北区国家税务局
                                          收款国库(银行)名称：国家金库汉东市江北区支库(中
                                                              国工商银行汉东分行)
小写(合计)金额：100 500.00                  缴款书交易流水号：2019121023654846
大写(合计)金额：壹拾万零伍佰元整            税票号码：32016101000000954452
税(费)种名称：      所属时期：               实缴金额：
增值税             20191101-20191130        100 500.00

第1次打印      第1页，共1页   M0000100000028    打印时间：2019   12   10
```

业务 32-2

```
                    2019    12    10

纳税人全称及纳税人识别号：锦华丝绸服装有限公司
                              200456789666666
付款人全称：锦华丝绸服装有限公司
付款人账号：012345600000
付款人开户银行：工行汉东分行江北路分理处      征收机关名称：汉东市江北区地方税务局
                                          收款国库(银行)名称：国家金库汉东市江北区支库(中
                                                              国工商银行汉东分行)
小写(合计)金额：28 682.62                   缴款书交易流水号：2019121023654848
大写(合计)金额：贰万捌仟陆佰捌拾贰元陆角贰分  税票号码：32019121000009546
税(费)种名称：      所属时期：               实缴金额：
城建税             20191101-20191130        7 035.00
教育费附加                                  3 015.00
房产税                                      3 632.62
土地使用税                                  15 000.00

第1次打印      第1页，共1页   M0000100000029    打印时间：2019   12   10
```

业务32-3

```
                     2019    12    10
纳税人全称及纳税人识别号：锦华丝绸服装有限公司
                     200456789666666
付款人全称：锦华丝绸服装有限公司
付款人账号：012345600000
付款人开户银行：工行汉东分行江北路分理处    征收机关名称：汉东市江北区国家税务局
                                          收款国库(银行)名称：国家金库汉东市江北区支库(中
                                                            国工商银行汉东分行)
小写(合计)金额：117 777.38                  缴款书交易流水号：20191210236548469
大写(合计)金额：壹拾壹万柒仟柒佰柒拾柒元叁角捌分 完税票号码：3201610100000009550
税(费)种名称：        所属时期：              实缴金额：
企业所得税           20191101-20191130      117 777.38

第1次打印    第1页，共1页    M0000100000030    打印时间：2019  12  10
```

业务32-4

```
                     2019    12    10
纳税人全称及纳税人识别号：锦华丝绸服装有限公司
                     200456789666666
付款人全称：锦华丝绸服装有限公司
付款人账号：012345600000
付款人开户银行：工行汉东分行江北路分理处    征收机关名称：汉东市江北区地方税务局
                                          收款国库(银行)名称：国家金库汉东市江北区支库(中
                                                            国工商银行汉东分行)
小写(合计)金额：138.00                      缴款书交易流水号：2019121023654850
大写(合计)金额：壹佰叁拾捌元整              完税票号码：3201610100000095451
税(费)种名称：        所属时期：              实缴金额：
个人所得税           20191101-20191130      138.00

第1次打印    第1页，共1页    M0000100000031    打印时间：2019  12  10
```

业务33-1

销 货 清 单

2019 年 12 月 10 日   NO.022

购货单位：锦华丝绸服装有限公司   地址：汉东市

类别	品名	单位	数量	批发价	折扣率%	金额	备注
	商标	个	30 000	0.30		9 000.00	
	洗唛	个	30 000	0.20		6 000.00	
	说明书	个	30 000	0.75		22 500.00	
	吊牌	个	31 000	0.60		18 600.00	
	吊粒	个	31 000	0.15		4 650.00	
	塑料袋	个	32 000	0.15		4 800.00	
	合计					65 550.00	

提货地点：成品库   限 1 日内提货有效

开票人：   收款人：   发货人：   销货单位：时尚服装辅料厂

业务33-2-1

辽宁增值税专用发票
抵扣联

2101839391　　　　　　　　　　　　　　　　NO 015927228

开票日期：2019年12月10日

购货单位	名　　　称：锦华丝绸服装有限公司 纳税人识别号：200456789666666 地　址、电　话：汉东市江北路168号 0425-2883116 开户行及账号：工行汉东分行江北路分理处 　　　　　　　　012345600000	密码区	（略）		
货物或应税劳务名称	规格型号	单位	数量	单价	金额	税率	税额
包装材料 合　计					65 550.00 ¥65 550.00	13%	8 521.50 ¥ 8 521.50
价税合计(大写)	柒万肆仟零柒拾壹元伍角整				(小写)¥74 071.50		
销货单位	名　　　称：时尚服装辅料厂 纳税人识别号：20045615412332 地　址、电　话：汉东市西门区19号 0425-3566442 开户行及账号：工行汉东市西门区支行 　　　　　　　　211256556332	备注			

收款人：肖好　　复核：李臣　　开票人：程海　　　　销货单位：

第二联：抵扣联　购货方抵扣凭证

业务33-2-2

辽宁增值税专用发票
发票联

2101839391　　　　　　　　　　　　　　　　NO 015927228

开票日期：2019年12月10日

购货单位	名　　　称：锦华丝绸服装有限公司 纳税人识别号：200456789666666 地　址、电　话：汉东市江北路168号 0425-2883116 开户行及账号：工行汉东分行江北路分理处 　　　　　　　　012345600000	密码区	（略）		
货物或应税劳务名称	规格型号	单位	数量	单价	金额	税率	税额
包装材料 合　计					65550.00 ¥65550.00	13%	8 521.50 ¥ 8 521.50
价税合计(大写)	柒万肆仟零柒拾壹元伍角整				(小写)¥74 071.50		
销货单位	名　　　称：时尚服装辅料厂 纳税人识别号：20045615412332 地　址、电　话：汉东市西门区19号 0425-3566442 开户行及账号：工行汉东市西门区支行 　　　　　　　　211256556332	备注			

收款人：肖好　　复核：李臣　　开票人：程海　　　　销货单位：

第三联：发票联　购货方记账凭证

业务33-3

中国工商银行	中国工商银行 转账支票 (辽) 汉东 3427
转账支票存根(辽)	出票日期(大写)　年　月　日　付款行名称：
支票号码 **3427**	收款人：　　　　　　　　　　　出票人账号：
附加信息	人民币(大写)　　　　　　千百十万千百十元角分
出票日期　年　月　日	用途
收款人：	上列款项请从
金　额：	我账户内支付
用　途：	出票 财务专用章
单位主管　　　会计	复核　　　　记账

业务33-4

收　料　单

发票号码：　　　　　　　　　　　　　　　　　　　　　
供应单位：　　　　　　　　　年　月　日　　凭证编号：

材料类别	材料名称及规格	计量单位	数量		单价	买价	运杂费	实际成本	计划成本	成本差异
			发票	实收						
合计										

记账：　　　　　主管：　　　　　验收：　　　　　交料：

第二联　记账联

业务33-5

收 料 单

发票号码：
供应单位：　　　　　　　　　　　年　月　日　　　　凭证编号：

材料类别	材料名称及规格	计量单位	数量		单价	买价	运杂费	实际成本	计划成本	成本差异
			发票	实收						
合计										

第二联　记账联

记账：　　　　　　　主管：　　　　　　　验收：　　　　　　　交料：

业务34-1

产品销售通知单

购货单位：广州中华广场　　　2019 年 12 月 10 日　　　凭证编号：

产品类别	产品名称及规格	计量单位	数　量	单　价	总　价	备　注
男士真丝服装	男士真丝睡衣	套	50	580.00	29 000.00	
	男士真丝印花睡衣	套	50	560.00	28 000.00	
	男士真丝印花睡袍	件	100	320.00	32 000.00	
女士真丝服装	女士真丝睡衣	套	100	580.00	58 000.00	
	女士真丝印花睡衣	套	100	560.00	56 000.00	
	女士真丝印花睡裙	件	200	300.00	60 000.00	
合　计					263 000.00	

第二联　记账联

销售主管：高安康　　　　　　　　　　制单：潘杰云

业务34-2

产品出库单

用途：　　　　　　　　　　年　月　日　　　　　凭证编号：

产品类别	产品名称及规格	计量单位	数　量	单位成本	总成本
合　计					

记账：　　　　　主管：　　　　　保管：　　　　　提货：

第二联　记账联

业务34-3

辽宁增值税专用发票

2101133345　　　　　　　　　　　　　　　　　NO　015224458

开票日期：2019年12月10日

购货单位	名　　称	广州中华广场	密码区	（略）
	纳税人识别号	210363635996946		
	地　址、电　话	广州市东华西路251号 020-6882114		
	开户行及账号	中行广州支行越秀区分理处 21035855587182		

货物或应税劳务名称	规格型号	单位	数量	单价	金额	税率	税额
男士真丝睡衣		套	50	580.00	29 000.00	13%	3 770.00
男士真丝印花睡衣		套	50	560.00	28 000.00		3 640.00
男士真丝印花睡袍		件	100	320.00	32 000.00		4 160.00
女士真丝睡衣		套	100	580.00	58 000.00		7 540.00
女士真丝印花睡衣		套	100	560.00	56 000.00		7 280.00
女士真丝印花睡裙		件	200	300.00	60 000.00		7 800.00
合　计					¥263 000.00		¥34 190.00

价税合计（大写）	贰拾玖万柒仟壹佰玖拾元整	（小写）¥297 190.00

销货单位	名　　称	锦华丝绸服装有限公司	备注	（锦华丝绸服装有限公司 2004567896666 发票专用章）
	纳税人识别号	200456789666666		
	地　址、电　话	汉东市江北路168号 0425-2883116		
	开户行及账号	工行汉东分行江北路分理处 012345600000		

收款人：　　　　复核：李凯　　　　开票人：刘丽敏　　　　销货单位：

第一联：记账联　销货方记账凭证

业务34-4

中国工商银行
转账支票存根(辽)
支票号码 3428
附加信息 _____
_____
光印

出票日期 2019 年 12 月 10 日
收款人：铁路局汉东分局
金　　额：¥872.00
用　　途：代垫运费
单位主管　　　会计

业务35-1

中国工商银行　　　　　　　　　　Ⅲ XI048978
银 行 汇 票 （多余款　　　　　　4
　　　　　　　收账通知）

出票日期：贰零壹玖年壹拾贰月零柒日（大写）

代理付款行：工行沈阳市三好街支行　行号：336

收款人：黎明服装辅料厂　　账号：211565116523

出票金额人民币(大写)：壹拾万元整

实际结算金额　人民币(大写)玖万伍仟捌佰贰拾肆元整　千百十万千百十元角分
　　　　　　　　　　　　　　　　　　　　　　　　　¥ 9 5 8 2 4 0 0

申请人：银华丝绸服装有限公司　账号或住址：012345600000

出票行：汉东分行　行号：110
备注：购料　　　　　多 余 金 额　　左列退回多余金额已收入你账户内。

出票行签章　　　千百十万千百十元角分　　财务主管　　复核　　经办
2019 年 12 月 14 日　　¥ 4 1 7 6 0 0

此联签发行结清后交汇款人

业务36-1

中国工商银行　业务委托书

委托日期 2019 年 12 月 11 日　　　　辽 A00917626

银行打印	(略)					
客户填写	业务类型	□电汇　☑信汇 □本票申请书　□汇票申请书 □其他	汇款方式	□普通　□加急		
	委托人	全　称	锦华丝绸服装有限公司	收款人	全　称	奇幻纽扣厂
		账号或地址	012345600000		账号或地址	211565666521
		开户行名称	工行汉东分行江北路分理处		开户行名称	工行沈阳市皇姑支行
		开户银行	辽宁省汉东市		开户银行	辽宁省沈阳市
	金额(大写) 人民币：陆万伍仟伍佰肆拾元整			亿千百十万千百十元角分 ¥　　　6 5 5 4 0 0 0		
	支付密码					
	加急汇款签字			付出押签字：		
	用　途	购原料				
	附加信息及用途：					

第三联　回单联

（工商银行汉东分行江北路分理处业务专用章）

业务36-2

中国工商银行 收费凭证

2019 年 12 月 11 日

户　名	锦华丝绸服装有限公司			账　号	012345600000	
收费项目	起止号码	数　量	单　价	工本费	手续费	邮电费
					0.5	10.00
	金　额　小　计				0.5	10.00
金额合计 （大写）	壹拾元伍角整			亿千百十万千百十元角分 ¥　　　　　　　1 0 5 0		

（工行汉东分行江北路分理处 2019.12.xx 转账）

制票：郑倩倩　　　　　　复核：闫松

第一联　客户回单

业务37-1

中国工商银行 进账单(收账通知)   3
年　月　日

出票人	全　称		收款人	全　称		此联是银行交给收款人的收账通知
	账　号			账　号		
	开户银行			开户银行		
金额	人民币(大写)		亿 千 百 十 万 千 百 十 元 角 分			
票据种类		票据张数				
票据号码						

复核　　　记账

（工行汉东分行江北路分理处 2019.12.xx 开户转账签章）

业务38-1-1

辽宁增值税专用发票 抵扣联

2101839913　　　　　　　　　　　　　　　　NO 015982722

开票日期：2019年12月12日

购货单位	名　称：锦华丝绸服装有限公司 纳税人识别号：200456789666666 地　址、电话：汉东市江北路168号 0425-2883116 开户行及账号：工行汉东分行江北路分理处 　　　　　　　012345600000	密码区	（略）

货物或应税劳务名称	规格型号	单位	数量	单价	金额	税率	税额
剪刀		把	100	16.50	1 650.00	13%	214.50
合　计					¥1 650.00		¥214.50

价税合计(大写)　壹仟捌佰陆拾肆元伍角整　　　　　　　　　　(小写)¥1 864.50

销货单位	名　称：梅达商城 纳税人识别号：20045612332541 地　址、电话：汉东市盛会区121号 0425-2886655 开户行及账号：工行汉东市盛会区支行 　　　　　　　211563322565	备注	（梅达商城 20045612332541 发票专用章）

收款人：肖华　　　复核：郭凯　　　开票人：赵海　　　销货单位：

国税函 [2019]1232号北京印钞厂

业务38-1-2

辽宁增值税专用发票

发票联

2101839913

NO 015982722

开票日期：2019年12月12日

购货单位	名　　　称：锦华丝绸服装有限公司 纳税人识别号：200456789666666 地　址、电　话：汉东市江北路 168 号 0425-2883116 开户行及账号：工行汉东分行江北路分理处 　　　　　　　012345600000	密码区	（略）		
货物或应税劳务名称	规格型号	单位	数量	单价	金额	税率	税额
剪刀 合　计		把	100	16.50	1 650.00 ¥1 650.00	13%	214.50 ¥214.50
价税合计（大写）	壹仟捌佰陆拾肆元伍角整			（小写）¥1 864.50		
销货单位	名　　　称：梅达商城 纳税人识别号：20045612332541 地　址、电　话：汉东市盛会区 121 号 0425-2886655 开户行及账号：工行汉东市盛会区支行 　　　　　　　211563322565	备注			

收款人：肖华　　　复核：郭凯　　　开票人：赵海　　　销货单位：

国税函 [2019]1232号 北京印钞厂

第三联：发票联 购货方记账凭证

业务38-2

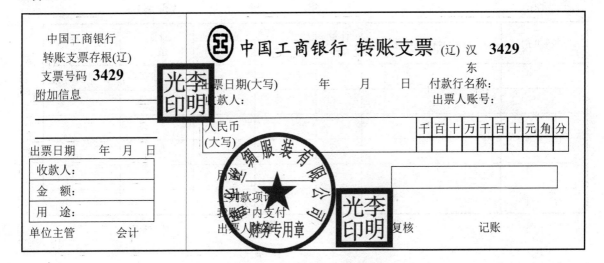

业务38-3

收 料 单

发票号码:
供应单位:　　　　　　　　　　　年　月　日　　　凭证编号:

| 材料类别 | 材料名称及规格 | 计量单位 | 数量 | | 单价 | 买价 | 运杂费 | 实际成本 | 计划成本 | 成本差异 |
			发票	实收						
合计										

第二联　记账联

记账:　　　　　　主管:　　　　　　验收:　　　　　　交料:

业务39-1

领 料 单

领料部门:
用　途:　　　　　　　　　　　年　月　日　　　凭证编号:

| 材料类别 | 材料名称及规格 | 计量单位 | 数量 | | 计划单价 | 金额(元) |
			请领	实领		
合　计						

第二联　记账联

记账:　　　　　审批人:　　　　　领料:　　　　　发料:

业务39-2

领 料 单

领料部门：
用　途：　　　　　　　　　　年　月　日　　　凭证编号：

材料类别	材料名称及规格	计量单位	数量		计划单价	金额(元)
			请领	实领		
合　计						

记账：　　　　　审批人：　　　　　领料：　　　　　发料：

第二联　记账联

业务39-3

领 料 单

领料部门：
用　途：　　　　　　　　　　年　月　日　　　凭证编号：

材料类别	材料名称及规格	计量单位	数量		计划单价	金额(元)
			请领	实领		
合　计						

记账：　　　　　审批人：　　　　　领料：　　　　　发料：

第二联　记账联

业务39-4

领 料 单

领料部门：
用　途：　　　　　　　　　　年　月　日　　　凭证编号：

材料类别	材料名称及规格	计量单位	数量		计划单价	金　额(元)
			请领	实领		
合　计						

第二联　记账联

记账：　　　　　审批人：　　　　　领料：　　　　　发料：

业务39-5

领 料 单

领料部门：
用　途：　　　　　　　　　　年　月　日　　　凭证编号：

材料类别	材料名称及规格	计量单位	数量		计划单价	金　额(元)
			请领	实领		
合　计						

第二联　记账联

记账：　　　　　审批人：　　　　　领料：　　　　　发料：

业务40-1

贴 现 凭 证(收账通知) 4

填写日期 2019 年 12 月 12 日　　　第　号

申请单位	全 称	锦华丝绸服装有限公司	贴现汇票	种 类	银行承兑汇票	号 码	77658
	账 号	012345600000		发票日	2019 年 9 月 12 日		
	开户银行	工行汉东分行江北路分理处		到期日	2020 年 3 月 12 日		
汇票承兑单位或银行		大连友谊商城	账号	121035851825633	开户银行	工行大连中山支行	

汇票金额(或贴现金额)	人民币(大写)贰拾万元整	百 十 万 千 百 十 元 角 分
		￥ 2 0 0 0 0 0 0 0

贴现率	8.3%	贴现息	百 十 元 角 分	实付贴现金额	百 十 万 千 百 十 元 角 分
			4 1 5 0 0 0		￥ 1 9 5 8 5 0 0 0

上述款项已转入你单位账户
　此致
　　　　　　　　　　　　　　银行审批
2019 年 12 月 12 日

（盖章：工行汉东分行江北路分理处 2019.12.xx 转账 转讫）

业务41-1

中国工商银行 进账单(收账通知) 3

年　月　日

出票人	全 称		收款人	全 称		此联是银行交给收款人的收账通知
	账 号			账 号		
	开户银行			开户银行		
金额	人民币(大写)		亿 千 百 十 万 千 百 十 元 角 分			
票据种类		票据张数				
票据号码						
复核　　　　记账			开户银行签章			

（盖章：工行汉东分行江北路分理处 2019.12.xx 转账 转讫）

业务42-1

差 旅 费 报 销 单

年　月　日

姓　名		出差事由		车船费	出差日期	自　年　月　日					
						自　年　月　日 共　天					
出发地		到达地			出差补助			宿费	市内车费	邮电费	其他	合计
月	日	起点	月	日	终点		天数	标准	金额					
小计：														

合计(大写)：　　　　　　　　　　　预支　　元　核销　　元　退(补)　　元

会计主管：　　　　　　　部门：　　　　　　　审核：

表 42-2

E035298　　　　　　　检票：13	E035299　　　　　　　检票：10
汉东站　G1287次　广州站	广州站　G1288　汉东站
HanDong　　　　　　　GuangZhou	GuangZhou　　　　　　HanDong
2019年12月4日 5:30开　05车16号	2019年12月12日 3:56开　07车20号
￥985.00元　　　　　　一等座	￥985.00元　　　　　　一等座
限乘当日当次车	限乘当日当次车
2106051965****0089 高安康	2106051965****0089 高安康
买票请到 12306 发货请到 95306	买票请到 12306 发货请到 95306
中国铁路祝您旅途愉快	中国铁路祝您旅途愉快

业务42-3

收　　　据

年　月　日　　　　　　　　　　　　　　　　编号：

交款单位＿＿＿＿＿＿＿＿＿＿　交款人＿＿＿＿＿＿＿＿＿＿＿＿

交　来＿＿＿＿＿＿＿＿＿＿＿＿＿＿＿＿＿＿＿＿＿＿＿＿＿＿款

人民币(大写)＿＿＿＿＿＿＿＿＿＿＿＿＿＿＿￥＿＿＿＿＿＿＿

收款单位：　　　　　　　会计主管：　　　　　　收款人：

（盖章：2019.12.xx 现金收讫）

业务 42-4-1

广州增值税专用发票
抵扣联

2101463112   NO 015227112
开票日期：2019年12月11日

购货单位	名　　　称：锦华丝绸服装有限公司 纳税人识别号：200456789666666 地　址、电　话：汉东市江北路168号 0425-2883116 开户行及账号：工行汉东分行江北路分理处 　　　　　　　012345600000	密码区	(略)
货物或应税劳务名称	规格型号	单位	数量	单价	金额	税率	税额
住宿费		天	7	200.00	1 400.00	6%	84.00
合计					¥1 400.00		¥84.00
价税合计(大写)	壹仟肆佰捌拾肆元整				(小写)¥1 484.00		
销货单位	名　　　称：快捷酒店 纳税人识别号：200993642166561 地　址、电　话：广州市海珠区305号 020-4632788 开户行及账号：工行海珠区分理处 　　　　　　　102081130558	备注	

收款人：夏虎　　复核：徐梦　　开票人：高昕　　销货单位：

第二联：抵扣联　购货方抵扣凭证

业务 42-4-2

广州增值税专用发票
发票联

2101463112   NO 015227112
开票日期：2019年12月11日

购货单位	名　　　称：锦华丝绸服装有限公司 纳税人识别号：200456789666666 地　址、电　话：汉东市江北路168号 0425-2883116 开户行及账号：工行汉东分行江北路分理处 　　　　　　　012345600000	密码区	(略)
货物或应税劳务名称	规格型号	单位	数量	单价	金额	税率	税额
住宿费		天	7	200.00	1 400.00	6%	84.00
合计					¥1 400.00		¥84.00
价税合计(大写)	壹仟肆佰捌拾肆元整				(小写)¥1 484.00		
销货单位	名　　　称：快捷酒店 纳税人识别号：200993642166561 地　址、电　话：广州市海珠区305号 020-4632788 开户行及账号：工行海珠区分理处 　　　　　　　102081130558	备注	

收款人：夏虎　　复核：徐梦　　开票人：高昕　　销货单位：

第三联：发票联　购货方记账凭证

业务42-5

广州增值税普通发票
发票联

2105633172　　　　　　　　　　　　　　　　NO 015427990
　　　　　　　　　　　　　　　　　　　开票日期：2019年12月9日

购货单位	名　称：锦华丝绸服装有限公司 纳税人识别号：200456789666666 地址、电话：汉东市江北路168号 0425-2883116 开户行及账号：工行汉东分行江北路分理处 　　　　　　　012345600000	密码区	(略)

货物或应税劳务名称	规格型号	单位	数量	单价	金　额	税率	税　额
餐饮费			2	2500.00	5 000.00	6%	300.00
合计					￥5 000.00		￥300.00

价税合计(大写)	伍仟叁佰元整		(小写)￥5300.00

销货单位	名　称：美味海鲜酒家 纳税人识别号：200532661234561 地址、电话：广州市珠海区75号 020-3286528 开户行及账号：工行珠海区分理处 　　　　　　　102236011503	备注	(美味海鲜酒家 200532661234561 发票专用章)

收款人：李辉　　　复核：王晓梅　　　开票人：战梅　　　销货单位：

表43-1

　　　　　　　　　　中　国　工　商　银　行　　　　　　Ⅲ ⅩⅠ078489
　　　　　　　　　　银　行　汇　票 4　　　　(多余款
　　　　　　　　　　　　　　　　　　　　　　　　　　　收账通知)

出票日期：贰零壹玖年壹拾贰月零叁日 (大写)	代理付款行：工行广州支行海珠区分理处　行号：667
收款人：广州亮峰展览服务有限公司	账号：102051516301
出票金额人民币(大写)：叁万元整	

实际结算金额	人民币 (大写)贰万陆仟肆佰壹拾捌元整	千	百	十	万	千	百	十	元	角	分
				￥	2	6	4	1	8	0	0

申请人：锦华丝绸服装有限公司	账号或住址：012345600000
出票行：汉东分行　行号：110	
备注：展览租赁费	

出票行签章 2019年12月12日	多余金额	左列退回多余金额已收入你账户内。 财务主管　　复核　　经办
	千 百 十 万 千 百 十 元 角 分 ￥　　　　3 5 8 2 0 0	

业务43-2-1

广州增值税专用发票
抵扣联

2106131231　　　　　　　　　　　　　　　　　　　　NO　015119627
开票日期：2019年12月5日

购货单位	名　　称：锦华丝绸服装有限公司 纳税人识别号：200456789666666 地址、电话：汉东市江北路168号 0425-2883116 开户行及账号：工行汉东分行江北路分理处 　　　　　　　012345600000	密码区	（略）		
货物或应税劳务名称	规格型号	单位	数量	单价	金　额	税率	税　额

货物或应税劳务名称　规格型号　单位　数量　单价　金额　税率　税额
展位费　　　　　　　　　　　个　　1　　13　　13 800.00　9%　1 242.00
展位装修费　　　　　　　　　　　　　　800.00　10 000.00　9%　　900.00
合计　　　　　　　　　　　　　　　　　　　　¥23 800.00　　　¥2 142.00

价税合计（大写）　贰万伍仟玖佰肆拾贰元整　　　　　　（小写）¥25 942.00

| 销货单位 | 名　　称：广州亮峰展览服务有限公司
纳税人识别号：200993665616421
地址、电话：广州市海珠区3号 020-4639999
开户行及账号：工行海珠区分理处
　　　　　　　102051516301 | 备注 |  |

收款人：夏莉　　　复核：赵梦　　　开票人：高平　　　销货单位：

业务43-2-2

广州增值税专用发票
发票联

2106131231　　　　　　　　　　　　　　　　　　　　NO　015119627
开票日期：2019年12月5日

购货单位	名　　称：锦华丝绸服装有限公司 纳税人识别号：200456789666666 地址、电话：汉东市江北路168号 0425-2883116 开户行及账号：工行汉东分行江北路分理处 　　　　　　　012345600000	密码区	（略）		

货物或应税劳务名称　规格型号　单位　数量　单价　金额　税率　税额
展位费　　　　　　　　　　　个　　1　　13　　13 800.00　9%　1 242.00
展位装修费　　　　　　　　　　　　　　800.00　10 000.00　9%　　900.00
合计　　　　　　　　　　　　　　　　　　　　¥23 800.00　　　¥2 142.00

价税合计（大写）　贰万伍仟玖佰肆拾贰元整　　　　　　（小写）¥25 942.00

| 销货单位 | 名　　称：广州亮峰展览服务有限公司
纳税人识别号：200993665616421
地址、电话：广州市海珠区3号 020-4639999
开户行及账号：工行海珠区分理处
　　　　　　　102051516301 | 备注 |  |

收款人：夏莉　　　复核：赵梦　　　开票人：高平　　　销货单位：

业务44-1

企业进货退回及索取折让证明单

2019 年 12 月 13 日

销货单位	全 称	华美丝绸有限公司			
	税务登记号	260725661233568			
进货退出	货物名称	单价	数量	货款	税额
	真丝针织面料	80.00	100	8 000.00	1 040.00
索取折让	货物名称	货款	税额	要 求	
				折让金额	折让税额
退货或索取折让理由	因材料有质量问题,经协商予以退货处理。			税务征收机关签章	
购货单位	全 称	锦华丝绸服装有限公司			
	税务登记号	200456789666666			

本证明单一式三联:第一联,征税机关留存;第二联,交销货单位;第三联,购货单位留存。

业务44-2

收 料 单

发票号码:
供应单位: 　　　　　　　　　　年　月　日　　　凭证编号:

材料类别	材料名称及规格	计量单位	数量		单价	买价	运杂费	实际成本	计划成本	成本差异
			发票	实收						
合计										

第二联　记账联

记账:　　　　　主管:　　　　　验收:　　　　　交料:

业务44-3-1

广州增值税专用发票 抵扣联

2101133998   NO 0152222986

开票日期：2019年12月13日

购货单位	名　　称	锦华丝绸服装有限公司	密码区	(略)		
	纳税人识别号	200456789666666				
	地　址、电话	汉东市江北路168号 0425-2883116				
	开户行及账号	工行汉东分行江北路分理处 012345600000				

货物或应税劳务名称	规格型号	单位	数量	单价	金额	税率	税额
真丝针织面料		米	100	80.00	-8 000.00	13%	-1 040.00
合　计					¥ -8 000.00		¥ -1 040.00

价税合计(大写)	玖仟零肆拾元整		(小写)¥ -9 040.00

销货单位	名　　称	华美丝绸有限公司	备注	
	纳税人识别号	260725661233568		
	地　址、电话	深圳市罗湖区42号 0755-6177866		(华美丝绸有限公司 发票专用章 2607256612 33568)
	开户行及账号	工行深圳市罗湖支行 012345655221		

收款人：夏莉　　复核：赵梦　　开票人：高平　　销货单位：

第二联：抵扣联 购货方抵扣凭证

业务44-3-2

广州增值税专用发票 发票联

2101133998   NO 0152222986

开票日期：2019年12月13日

购货单位	名　　称	锦华丝绸服装有限公司	密码区	(略)		
	纳税人识别号	200456789666666				
	地　址、电话	汉东市江北路168号 0425-2883116				
	开户行及账号	工行汉东分行江北路分理处 012345600000				

货物或应税劳务名称	规格型号	单位	数量	单价	金额	税率	税额
真丝针织面料		米	100	80.00	-8 000.00	13%	-1 040.00
合　计					¥ -8 000.00		¥ -1 040.00

价税合计(大写)	玖仟零肆拾元整		(小写)¥ -9 040.00

销货单位	名　　称	华美丝绸有限公司	备注	
	纳税人识别号	260725661233568		
	地　址、电话	深圳市罗湖区42号 0755-6177866		(华美丝绸有限公司 发票专用章 2607256612 33568)
	开户行及账号	工行深圳市罗湖支行 012345655221		

收款人：夏莉　　复核：赵梦　　开票人：高平　　销货单位：

第三联：发票联 购货方记账凭证

业务44-4

中国工商银行 进账单(收账通知) 3
年 月 日

出票人	全 称		收款人	全 称		亿千百十万千百十元角分	此联是银行交给收款人的收账通知
	账 号			账 号			
	开户银行			开户银行			
金额	人民币(大写)						
票据种类		票据张数					
票据号码							

复核　　　记账

（印章：工行汉东分行江北路分理处 2019.12.xx 转讫）

业务45-1

中国工商银行　业务委托书

委托日期 2019 年 12 月 13 日　　　辽 A00917916

银行打印	(略)						
客户填写	业务类型	☑电汇 □信汇 □本票申请书	□汇票申请书 □其他	汇款方式	□普通 □加急		
	委托人	全 称	锦华丝绸服装有限公司	收款人	全 称	上海丝盟丝绸有限公司	
		账号或地址	012345600000		账号或地址	102051516301	
		开户行名称	工行汉东分行江北路分理处		开户行名称	工行上海徐汇区支行	
		开户银行	辽宁 省 汉东 市		开户银行	省 上海 市	
	金额(大写)人民币：叁拾贰万壹仟肆佰元整				亿千百十万千百十元角分 ¥ 3 2 1 4 0 0 0 0		
	支付密码			付出行签字：			
	加急汇款签字						
	用　　途	购原料					
	附加信息及用途：						

（印章：工商银行汉东分行江北路分理处 业务专用章）

第三联 回单联

业务45-2

中国工商银行 收费凭证

2019 年 12 月 13 日

户 名	锦华丝绸服装有限公司			账 号	012345600000	
收费项目	起止号码	数 量	单 价	工本费	手续费	邮电费
					0.5	10.00
	金 额 小 计				0.5	10.00
金额合计（大写）	壹拾元伍角整			亿千百十万千百十元角分 ¥ 1 0 5 0		

制票：郑倩倩　　　　　复核：闫松

第一联 客户回单

（工行汉东分行江北路分理处 2019.12.xx 转账）

业务46-1-1

辽宁增值税专用发票

2101839913　　　　　　　　　　　　　　　NO 015982227

开票日期：2019年12月14日

购货单位	名　称：锦华丝绸服装有限公司 纳税人识别号：200456789666666 地 址、电 话：汉东市江北路168号 0425-2883116 开户行及账号：工行汉东分行江北路分理处 012345600000	密码区	（略）		
货物或应税劳务名称	规格型号	单位	数量	单价	金　额	税率	税　额

货物或应税劳务名称	规格型号	单位	数量	单价	金额	税率	税额
润滑油		公斤	50	8.70	435.00	13%	56.55
抹布		打	30	6.50	195.00		25.35
合　计					¥630.00		¥81.90

价税合计(大写)	柒佰壹拾壹元玖角整		（小写）¥711.90
销货单位	名　称：汉东物资经销商店 纳税人识别号：200123422665544 地 址、电 话：汉东市经山路221号 0425-2883998 开户行及账号：工行汉东分行经山路分理处 102030663351	备注	（汉东物资经销商店 2001 23422665544 发票专用章）

收款人：李华　　复核：齐奇　　开票人：赵晓庆　　销货单位：

第二联：抵扣联 购货方扣税凭证

国税函 [2019]1232号北京印制厂

业务46-1-2

辽宁增值税专用发票
发票联

2101839913　　　　　　　　　　　　　　　　NO 015982227
开票日期：2019年12月14日

购货单位	名　　称：锦华丝绸服装有限公司 纳税人识别号：200456789666666 地址、电话：汉东市江北路168号 0425-2883116 开户行及账号：工行汉东分行江北路分理处 　　　　　　　012345600000	密码区	（略）

货物或应税劳务名称	规格型号	单位	数量	单价	金额	税率	税额
润滑油		瓶	50	8.70	435.00	13%	56.55
抹布		打	30	6.50	195.00		25.35
合　计					¥630.00		¥81.90

价税合计（大写）	柒佰壹拾壹元玖角整		（小写）¥711.90

销货单位	名　　称：汉东物资经销商店 纳税人识别号：200123422665544 地址、电话：汉东市经山路221号 0425-2883998 开户行及账号：工行汉东分行经山路分理处 　　　　　　　102030663351	备注	（汉东物资经销商店 发票专用章 2001234 22665544）

收款人：李华　　复核：齐奇　　开票人：赵晓庆　　销货单位：

业务46-2

收　料　单

发票号码：
供应单位：　　　　　　　　　　　年　月　日　　　凭证编号：

材料类别	材料名称及规格	计量单位	数量		单价	买价	运杂费	实际成本	计划成本	成本差异
			发票	实收						
合计										

记账：　　　　　主管：　　　　　验收：　　　　　交料：

第六篇　经济业务原始凭证

业务47-1-1

辽宁增值税专用发票
抵扣联

2101913839　　　　　　　　　　　　　　　　　　　　NO　015272982

开票日期：2019年12月14日

购货单位	名　　称：锦华丝绸服装有限公司 纳税人识别号：200456789666666 地　址、电　话：汉东市江北路168号 0425-2883116 开户行及账号：工行汉东分行江北路分理处 012345600000	密码区	(略)		
货物或应税劳务名称	规格型号	单位	数量	单价	金额	税率	税额
手续费 合　计					1435.00 ¥1435.00	6%	86.10 ¥86.10
价税合计(大写)	壹仟伍佰贰拾壹元壹角整				(小写)¥1521.10		
销货单位	名　　称：中国工商银行汉东支行 纳税人识别号：200123425442665 地　址、电　话：汉东市新泰路29号 0425-2883111 开户行及账号：工行汉东分行新泰路分理处 102030351663	备注	(中国工商银行汉东支行 2001234254442665 发票专用章)		

收款人：米华　　复核：毛羽　　开票人：路庆　　销货单位：

第二联：抵扣联　购货方抵扣凭证

业务47-1-2

辽宁增值税专用发票
发票联

2101913839　　　　　　　　　　　　　　　　　　　　NO　015272982

开票日期：2019年12月14日

购货单位	名　　称：锦华丝绸服装有限公司 纳税人识别号：200456789666666 地　址、电　话：汉东市江北路168号 0425-2883116 开户行及账号：工行汉东分行江北路分理处 012345600000	密码区	(略)		
货物或应税劳务名称	规格型号	单位	数量	单价	金额	税率	税额
手续费 合　计					1435.00 ¥1435.00	6%	86.10 ¥86.10
价税合计(大写)	壹仟伍佰贰拾壹元壹角整				(小写)¥1521.10		
销货单位	名　　称：中国工商银行汉东支行 纳税人识别号：200123425442665 地　址、电　话：汉东市新泰路29号 0425-2883111 开户行及账号：工行汉东分行新泰路分理处 102030351663	备注	(中国工商银行汉东支行 2001234254442665 发票专用章)		

收款人：米华　　复核：毛羽　　开票人：路庆　　销货单位：

第三联：发票联　购货方记账凭证

业务48-1

固定资产报废单

2019年 12月14日　　　　　　　　　　　　　　　　　　　　编号：012

编号	名称	单位	数量	预计使用年限	已使用年限	原始价值	已提折旧额	报废原因
	HP复印机	台	1			12 000.00	10 200.00	无法使用
处理意见	使用部门 无法使用 签章		技术鉴定小组 同意报废 签章		固定资产管理部门 同意报废 签章		主管部门审批 同意报废 签章	

业务48-2

辽宁增值税专用发票
记账联

2101133345　　　　　　　　　　　　　　　　　　　NO 015224470

开票日期：2019年12月14日

购货单位	名　　称：汉东市物质回收公司 纳税人识别号：200456789897865 地址、电话：汉东市江北路 28 号 0425-2884323 开户行及账号：工行汉东分行江北路分理处 　　　　　　　012345623231	密码区	（略）
货物或应税劳务名称	规格型号	单位	数量	单价	金　额	税率	税　额
HP复印机 合　计		台	1	600.00	600.00 ¥600.00	13%	78.00 ¥78.00
价税合计(大写)	陆佰柒拾捌元整				(小写) ¥678.00		
销货单位	名　　称：锦华丝绸服装有限公司 纳税人识别号：200456789666666 地址、电话：汉东市江北路 168 号 0425-2883116 开户行及账号：工行汉东分行江北路分理处 　　　　　　　012345600000	备注	（锦华丝绸服装有限公司 200456789666666 发票专用章）

收款人：　　　　复核：李凯　　　开票人：刘丽敏　　　　销货单位：

业务48-3

中国工商银行 现金缴存单

2019 年 12 月 14 日　　　　　　　　　　　　　　　序号：10996

收款人户名	锦华丝绸服装有限公司											
收款人账号	012345600000			收款人开户行				工行汉东分行				
缴 款 人	锦华丝绸服装有限公司			款项来源				销售收入				
人民币 (大写)	陆佰柒拾捌元整					十万	万	千	百	十元	角	分
								¥ 6	7	8	0	0
票面	壹佰元	伍拾元	贰拾元	拾元	伍元	贰元	壹元	伍角	贰角	壹角	伍分	
张数	6	1	1		1	1	1					

出纳：　　　　收款员：杨芳　　　会计：　　　　复核员：　　　　记账员：

业务48-4

固定资产清理单

2019 年 12 月 14 日　　　　　　　　　　　　　　　编号：012

固定资产名称	编　号	规格型号	开始使用时间
HP复印机			2017.3.15
报废单编号及批准时间	编号012	2019年12月14日	
固定资产原值	12 000.00	已 提 折 旧	10 200.00
开始清理时间	2019.12.14	完成清理时间	2019.12.14
清　理　费　用		变　价　收　入	
时间	凭证	项目	金额	时间	凭证	项目	金额
				2019.12.14		现金	678.00

业务49-1

产品销售通知单

购货单位：个体户孙华　　　　2019 年 12 月 16 日　　　　凭证编号：

产品类别	产品名称及规格	计量单位	数量	单价	总价	备注
女士真丝服装	女士真丝印花睡裙	件	20	300.00	6 000.00	
合　计					6 000.00	

销售主管：高安康　　　　　　　　　　　制单：潘杰云

第二联　记账联

业务49-2

产 品 出 库 单

用途：　　　　　　　　　　　　　年　月　日　　　　　　凭证编号：

产品类别	产品名称及规格	计量单位	数　量	单位成本	总成本
合　计					

记账：　　　　　　　主管：　　　　　　　保管：　　　　　　　提货：

第二联　记账联

业务49-3

辽宁增值税普通发票

2101133345　　　　　　　　　　　　　　　　　　　　　NO　015224604

开票日期：2019年12月16日

购货单位	名　　　　称：个体户孙华	密码区	（略）
	纳税人识别号：		
	地　址、电　话：		
	开户行及账号：6217560550019870366		

货物或应税劳务名称	规格型号	单位	数量	单价	金额	税率	税额
女士真丝印花睡裙		件	20	300.00	6 000.00	13%	780.00
合　计					¥6 000.00		¥780.00

价税合计（大写）	陆仟柒佰捌拾元整	（小写）¥6 780.00

销货单位	名　　　　称：锦华丝绸服装有限公司	备注	（锦华丝绸服装有限公司 2004567 89666666 发票专用章）
	纳税人识别号：200456789666666		
	地　址、电　话：汉东市江北路168号 0425-2883116		
	开户行及账号：工行汉东分行江北路分理处 012345600000		

收款人：　　　　　复核：李凯　　　开票人：刘丽敏　　　销货单位：

第一联：记账联　销货方记账凭证

业务50-1

中国工商银行 现金缴存单

2019年12月16日   序号：0663

收款人户名	锦华丝绸服装有限公司											
收款人账号	012345600000				收款人开户行		工行汉东分行					
缴 款 人	锦华丝绸服装有限公司				款 项 来 源		销售收入					
人民币：(大写)	陆仟柒佰捌拾元整						百	十万	千	百	十元	角 分
							¥	6	7	8	0	0 0
票面	壹佰元	伍拾元	贰拾元	拾元	伍元	壹元	伍角		贰角	壹角		伍分
张数	67	1	1	1								

出纳：   收款员：杨芳   会计：   复核员：   记账员：

第二联 收款通知

业务51-1-1

辽宁增值税专用发票 抵扣联

2101133215   NO 015232601

开票日期：2019年12月16日

购货单位	名 称：	锦华丝绸服装有限公司					密码区			
	纳税人识别号：	200456789666666								
	地 址、电 话：	汉东市江北路168号 0425-2883116						(略)		
	开户行及账号：	工行汉东分行江北路分理处 012345600000								
货物或应税劳务名称	规格型号	单位	数量	单价	金额		税率		税额	
水		吨	1800	2.25	4050.00		9%		364.50	
合 计					¥4050.00				¥364.50	
价税合计(大写)	肆仟肆佰壹拾肆元伍角整						(小写)¥4414.50			
销货单位	名 称：	汉东市自来水公司					备注			
	纳税人识别号：	200123456123854								
	地 址、电 话：	汉东市平阳路223号 0425-2883666								
	开户行及账号：	工行汉东分行平阳分理处 012345665923								

收款人：万乐   复核：孙洋   开票人：严明   销货单位：

第二联：抵扣联 购货方抵扣凭证

国税函 [2019]1232号北京印钞厂

业务51-1-2

辽宁增值税专用发票
发票联

2101133215　　　　　　　　　　　　　　　NO　015232601

开票日期：2019年12月16日

购货单位	名　　称：锦华丝绸服装有限公司 纳税人识别号：200456789666666 地　址、电　话：汉东市江北路168号 0425-2883116 开户行及账号：工行汉东分行江北路分理处 　　　　　　　　012345600000	密码区	(略)

货物或应税劳务名称	规格型号	单位	数量	单价	金额	税率	税额
水		吨	1800	2.25	4050.00	9%	364.50
合计					¥4050.00		¥364.50

价税合计(大写)	肆仟肆佰壹拾肆元伍角整	(小写)¥4414.50

销货单位	名　　称：汉东市自来水公司 纳税人识别号：200123456123854 地　址、电　话：汉东市平阳路223号 0425-2883666 开户行及账号：工行汉东分行平阳分理处 　　　　　　　　012345665923	备注	(发票专用章)

收款人：万乐　　　复核：孙洋　　　开票人：严明　　　销货单位：

业务51-2

水费分配表
年　月　日

应借科目		分配标准 (用水量)	分配率 (单价)	分配金额
制造费用	服装生产车间			
	质检包装车间			
	小　计			
辅助生产成本	供电车间			
	机修车间			
	小　计			
管理费用				
合　计				

审核：　　　　　　　　　　　　　制表：

业务51-4

同城特约委托收款专用发票　　NO 00056457

2019 年 12 月 16 日　　委托号码：

付款人	全　称	锦华丝绸服装有限公司	收款人	全　称	汉东市自来水公司
	账　号	012345600000		账　号	012345665923
	开户银行	工行汉东支行江北路分理处		开户银行	工行平阳分理处

金额	人民币(大写)	肆仟肆佰壹拾肆元伍角整	亿	千	百	十	万	千	百	十	元	角	分
							¥	4	4	1	4	5	0

项目内容	水费 2019.12.xx	票据张数		合同号码		注意事项：
		收款单位盖章：				1.上列款项实行见票全额付款。2.上列款项若有误，与收款单位协商解决。

⑤ 报销凭证

会计：李珊　　　复核：邓红　　　记账：　　　（代支款通知，手写无效）

业务52-1

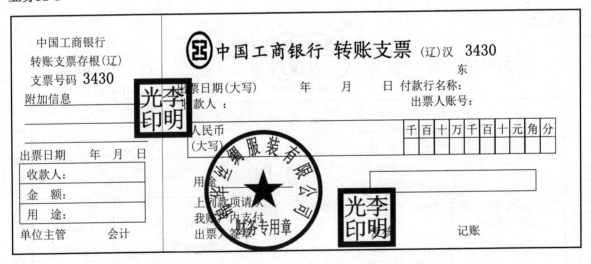

中国工商银行	中国工商银行 转账支票 （辽）汉 3430
转账支票存根(辽)	东
支票号码 3430	出票日期(大写)　年　月　日　付款行名称：
附加信息	收款人：　　　　　　　　　　出票人账号：
	人民币(大写)　　千百十万千百十元角分
出票日期　年　月　日	
收款人：	用途：
金　额：	上列款项请从我账户内支付
用　途：	
单位主管　　　会计	出票人签章　　　　　　　　　记账

业务52-2-1

辽宁增值税专用发票 抵扣联

2101399138   NO 015298778

开票日期：2019年12月16日

购货单位	名　　称：锦华丝绸服装有限公司 纳税人识别号：200456789666666 地　址、电　话：汉东市江北路 168 号 0425-2883116 开户行及账号：工行汉东分行江北路分理处 　　　　　　　012345600000	密码区	(略)		
货物或应税劳务名称	规格型号	单位	数量	单价	金　额	税率	税　额
财产保险费 合　计			1	24000.00	24 000.00 ￥24 000.00	6%	1 440.00 ￥1 440.00
价税合计(大写)	贰万伍仟肆佰肆拾元整		(小写)￥25 440.00				
销货单位	名　　称：中国人民财产保险股份有限公司 纳税人识别号：200122665342544 地　址、电　话：汉东市光辉路 89 号 0425-2886998 开户行及账号：工行汉东分行光辉路分理处 　　　　　　　102166303035	备注	代扣印花税24元 		

收款人：陈华　　复核：明珠　　开票人：程成　　销货单位：

业务52-2-2

辽宁增值税专用发票 发票联

2101399138   NO 015298778

开票日期：2016年12月16日

购货单位	名　　称：锦华丝绸服装有限公司 纳税人识别号：200456789666666 地　址、电　话：汉东市江北路 168 号 0425-2883116 开户行及账号：工行汉东分行江北路分理处 　　　　　　　012345600000	密码区	(略)		
货物或应税劳务名称	规格型号	单位	数量	单价	金　额	税率	税　额
财产保险费 合　计			1	24000.00	24 000.00 ￥24 000.00	6%	1 440.00 ￥1 440.00
价税合计(大写)	贰万伍仟肆佰肆拾元整		(小写)￥25 440.00				
销货单位	名　　称：中国人民财产保险股份有限公司 纳税人识别号：200122665342544 地　址、电　话：汉东市光辉路 89 号 0425-2886998 开户行及账号：工行汉东分行光辉路分理处 　　　　　　　102166303035	备注	代扣印花税24元。		

收款人：陈华　　复核：明珠　　开票人：程成　　销货单位：

业务53-1

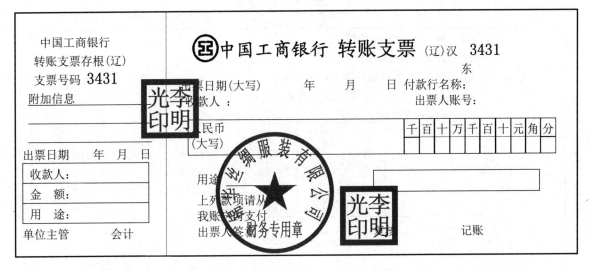

业务53-2-1

辽宁增值税专用发票　　　NO 019278987

2101399138

开票日期：2019年12月17日

购货单位	名　　　称	锦华丝绸服装有限公司					密码区			第二联：抵扣联　购货方抵扣凭证
	纳税人识别号	200456789666666								
	地　址、电　话	汉东市江北路168号 0425-2883116					(略)			
	开户行及账号	工行汉东分行江北路分理处 012345600000								
货物或应税劳务名称		规格型号	单位	数量	单价	金　额		税率	税　额	
人民日报			份	4	288.00	1 152.00		9%	103.68	
辽宁日报			份	4	540.00	2 160.00			194.40	
丝绸			本	12	30.00	360.00			32.40	
合　计						¥ 3 672.00			¥ 330.48	
价税合计(大写)		肆仟零贰元肆角捌分					(小写)¥4 002.48			
销货单位	名　　　称	汉东市邮政局					备注			
	纳税人识别号	200122665342544								
	地　址、电　话	汉东市北海路89号 0425-2899886								
	开户行及账号	工行汉东分行北海路分理处 102035166303								
收款人：陈启		复核：王蒙珠			开票人：肖成		销货单位：			

业务 53-2-2

辽宁增值税专用发票
发票联

2101399138　　　　　　　　　　　　　　　　　　NO 019278987

开票日期：2019年12月17日

购货单位	名　　　称：锦华丝绸服装有限公司 纳税人识别号：200456789666666 地　址、电　话：汉东市江北路 168 号 0425-2883116 开户行及账号：工行汉东分行江北路分理处 　　　　　　　012345600000	密码区	（略）

货物或应税劳务名称	规格型号	单位	数量	单价	金　额	税率	税　额
人民日报		份	4	288.00	1152.00	9%	103.68
辽宁日报		份	4	540.00	2160.00		194.40
丝绸		本	12	30.00	360.00		32.40
合　计					￥3 672.00		￥330.48

价税合计(大写)	肆仟零贰元肆角捌分	（小写）￥4 002.48

销货单位	名　　　称：汉东市邮政局 纳税人识别号：200122665342544 地　址、电　话：汉东市北海路 89 号 0425-2899886 开户行及账号：工行汉东分行北海路分理处 　　　　　　　102035166303	备注	（汉东市邮政局发票专用章）

收款人：陈启　　　复核：王蒙珠　　　开票人：肖成　　　销货单位：

业务 54-1-1

辽宁增值税专用发票
抵扣联

2101138399　　　　　　　　　　　　　　　　　　NO 015298778

开票日期：2019年12月17日

购货单位	名　　　称：锦华丝绸服装有限公司 纳税人识别号：200456789666666 地　址、电　话：汉东市江北路 168 号 0425-2883116 开户行及账号：工行汉东分行江北路分理处 　　　　　　　012345600000	密码区	（略）

货物或应税劳务名称	规格型号	单位	数量	单价	金　额	税率	税　额
广告费			1	50000.00	50 000.00	6%	3 000.00
合　计					￥50 000.00		￥3 000.00

价税合计(大写)	伍万叁仟元整	（小写）￥53 000.00

销货单位	名　　　称：汉东市广告传媒公司 纳税人识别号：200123456998879 地　址、电　话：汉东市和惠路 76 号 开户行及账号：工行汉东分行和惠路分理处 　　　　　　　012345666775	备注	（汉东市广告传媒公司发票专用章）

收款人：李青　　　复核：黄文　　　开票人：黄萍　　　销货单位：

业务54-1-2

辽宁增值税专用发票
发票联

2101138399   NO 015298778

开票日期：29年12月17日

购货单位	名　　　称：锦华丝绸服装有限公司 纳税人识别号：200456789666666 地　址、电　话：汉东市江北路168号 0425-2883116 开户行及账号：工行汉东分行江北路分理处 　　　　　　　　012345600000	密码区	（略）
货物或应税劳务名称	规格型号	单位	数量	单价	金　额	税率	税　额
广告费			1	50000.00	50 000.00	6%	3 000.00
合　计					￥50 000.00		￥3 000.00
价税合计（大写）	伍万叁仟元整			（小写）￥53 000.00

| 销货单位 | 名　　　称：汉东市广告传媒公司
纳税人识别号：200123456998879
地　址、电　话：汉东市和惠路76号
开户行及账号：工行汉东分行和惠路分理处
　　　　　　　　012345666775 | 备注 | （汉东市广告传媒公司
200123456998879
发票专用章） |

收款人：李青　　　复核：黄文　　　开票人：黄萍　　　销货单位：

业务54-2

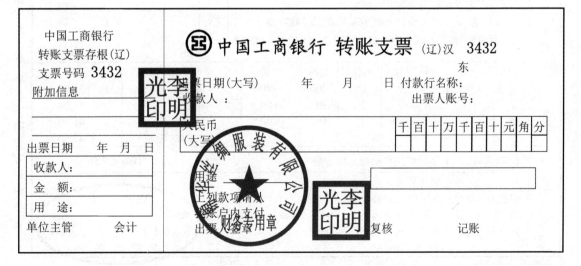

业务 55-1-1

辽宁增值税专用发票 抵扣联

2101839913　　　　　　　　　　　　　　NO 016232016

开票日期：2019年12月17日

购货单位	名　　称：锦华丝绸服装有限公司 纳税人识别号：200456789666666 地　址、电　话：汉东市江北路168号 0425-2883116 开户行及账号：工行汉东分行江北路分理处 012345600000	密码区	（略）

货物或应税劳务名称	规格型号	单位	数量	单价	金额	税率	税额
电线		米	1000	5.00	5 000.00	13%	650.00
开关		个	20	20.00	400.00		52.00
插座		个	10	35.00	350.00		45.50
合计					¥5 750.00		¥747.50

价税合计（大写）	陆仟肆佰玖拾柒元伍角整	（小写）¥6 497.50

销货单位	名　　称：梅达商城 纳税人识别号：20045612332541 地　址、电　话：汉东市盛会区121号 0425-2886655 开户行及账号：工行汉东市盛会区支行 211563322565	备注	（梅达商城发票专用章 20045612332541）

收款人：万乐　　复核：郭凯　　开票人：严明　　销货单位：

业务 55-1-2

辽宁增值税专用发票 发票联

2101839913　　　　　　　　　　　　　　NO 016232016

开票日期：2019年12月17日

购货单位	名　　称：锦华丝绸服装有限公司 纳税人识别号：200456789666666 地　址、电　话：汉东市江北路168号 0425-2883116 开户行及账号：工行汉东分行江北路分理处 012345600000	密码区	（略）

货物或应税劳务名称	规格型号	单位	数量	单价	金额	税率	税额
电线		米	1000	5.00	5 000.00	13%	650.00
开关		个	20	20.00	400.00		52.00
插座		个	10	35.00	350.00		45.50
合计					¥5 750.00		¥747.50

价税合计（大写）	陆仟肆佰玖拾柒元伍角整	（小写）¥6 497.50

销货单位	名　　称：梅达商城 纳税人识别号：20045612332541 地　址、电　话：汉东市盛会区121号 0425-2886655 开户行及账号：工行汉东市盛会区支行 211563322565	备注	（梅达商城发票专用章 20045612332541）

收款人：万乐　　复核：郭凯　　开票人：严明　　销货单位：

业务55-2

收 料 单

发票号码：
供应单位：　　　　　　　　　　　年　月　日　　　　凭证编号：

材料类别	材料名称及规格	计量单位	数量		单价	买价	运杂费	实际成本	计划成本	成本差异	
			发票	实收							第二联　记账联
合计											

记账：　　　　　　主管：　　　　　　验收：　　　　　　交料：

业务55-3

| 中国工商银行
转账支票存根(辽)
支票号码 **3433**
附加信息

出票日期　年月日
收款人：
金　额：
用　途：
单位主管　　会计 | 中国工商银行 转账支票 (辽) 汉 **3433** 东
出票日期(大写)　年　月　日　付款行名称：
出票人：　　　　　　　　　　　出票人账号：

人民币
(大写)　　　　　　　千百十万千百十元角分

用途：
上列款项请从
账户内支付
出票人签章　　　　　　　　复核　　　记账 |

业务56-1

领 料 单

领料部门：
用　途：　　　　　　　　　　年　月　日　　　　凭证编号：

材料类别	材料名称及规格	计量单位	数量 请领	数量 实领	计划单价	金额(元)
合计						

记账：　　　　　审批人：　　　　　领料：　　　　　发料：

第二联 记账联

业务57-1

行 政 事 业 性 收 费 收 据

付款单位：锦华丝绸服装有限公司　　2019年12月18日　　NO.12533

收费项目	计量单位	数量	单位收费标准	金额 十 万 千 百 十 元 角 分
卫生罚款				8 0 0 0 0
合计人民币(大写):零万零仟捌佰零拾零元零角零分				￥ 8 0 0 0 0

收款单位(盖章)：　　　收款人：王宏　　　开票人：李品

第二联 发票

业务58-1-1

浙江增值税专用发票
抵扣联

2101198339　　　　　　　　　　　　　　　　　　　　NO　015227892

开票日期：2019年12月18日

购货单位	名　　称：锦华丝绸服装有限公司 纳税人识别号：200456789666666 地　址、电　话：汉东市江北路168号 0425-2883116 开户行及账号：工行汉东分行江北路分理处 　　　　　　　　012345600000	密码区	（略）

货物或应税劳务名称	规格型号	单位	数量	单价	金额	税率	税额
真丝针织印花面料		米	5000	82.00	410 000.00	13%	53 300.00
真丝针织面料		米	3000	78.00	234 000.00		30 420.00
合　计					￥644 000.00		￥83 720.00

价税合计（大写）	柒拾贰万柒仟柒佰贰拾元整	（小写）￥727 720.00

销货单位	名　　称：浙江华盛丝绸有限公司 纳税人识别号：235465865255644 地　址、电　话：杭州市拱墅区99号 0571-6654432 开户行及账号：建行杭州市拱墅支行 　　　　　　　　012345655221	备注	（浙江华盛丝绸有限公司 235465865255644 发票专用章）

收款人：黄木　　　复核：顾艳　　　开票人：费青　　　销货单位：

第二联：抵扣联　购货方抵扣凭证

业务58-1-2

浙江增值税专用发票
发票联

2101198339　　　　　　　　　　　　　　　　　　　　NO　015227892

开票日期：2019年12月18日

购货单位	名　　称：锦华丝绸服装有限公司 纳税人识别号：200456789666666 地　址、电　话：汉东市江北路168号 0425-2883116 开户行及账号：工行汉东分行江北路分理处 　　　　　　　　012345600000	密码区	（略）

货物或应税劳务名称	规格型号	单位	数量	单价	金额	税率	税额
真丝针织印花面料		米	5000	82.00	410 000.00	13%	53 300.00
真丝针织面料		米	3000	78.00	234 000.00		30 420.00
合　计					￥644 000.00		￥83 720.00

价税合计（大写）	柒拾贰万柒仟柒佰贰拾元整	（小写）￥727 720.00

销货单位	名　　称：浙江华盛丝绸有限公司 纳税人识别号：235465865255644 地　址、电　话：杭州市拱墅区99号 0571-6654432 开户行及账号：建行杭州市拱墅支行 　　　　　　　　012345655221	备注	（浙江华盛丝绸有限公司 235465865255644 发票专用章）

收款人：黄木　　　复核：顾艳　　　开票人：费青　　　销货单位：

第三联：发票联　购货方记账凭证

业务59-1

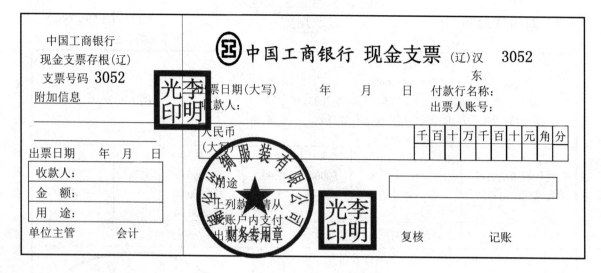

业务60-1

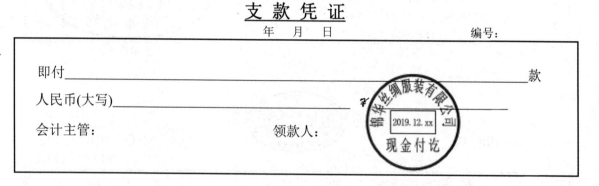

业务61-1

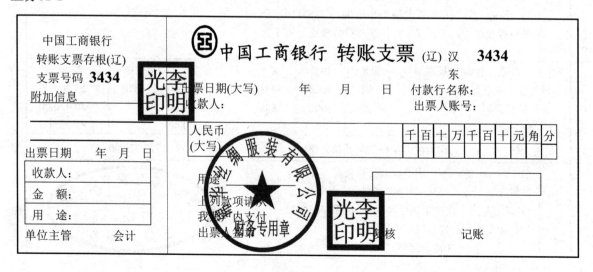

业务61-2-1

辽宁增值税专用发票 抵扣联

2101143159　　　　　　　　　　　　　　　　NO 015232016

开票日期：2019年12月19日

购货单位	名称：锦华丝绸服装有限公司 纳税人识别号：200456789666666 地址、电话：汉东市江北路168号 0425-2883116 开户行及账号：工行汉东分行江北路分理处 012345600000	密码区	(略)		
货物或应税劳务名称	规格型号	单位	数量	单价	金额	税率	税额

货物或应税劳务名称	规格型号	单位	数量	单价	金额	税率	税额
文件夹		个	20	12.00	240.00	13%	31.20
钢笔		支	5	45.00	225.00		29.25
打印纸		包	20	18.50	370.00		48.10
计算器		个	5	35.00	175.00		22.75
合计					¥1010.00		¥131.30

价税合计(大写)：壹仟壹佰肆拾壹元叁角整　　　(小写)¥1 141.30

销货单位	名称：汉东文化商城 纳税人识别号：200123422651146 地址、电话：汉东市梨花路08号 0425-3449988 开户行及账号：工行汉东分行梨花路分理处 102030351636	备注	（汉东文化商城发票专用章 2001 2342 2651 146）

收款人：王强　　复核：刘华　　开票人：李明　　销货单位：

业务61-2-2

辽宁增值税专用发票 发票联

2101143159　　　　　　　　　　　　　　　　NO 015232016

开票日期：2019年12月19日

购货单位	名称：锦华丝绸服装有限公司 纳税人识别号：200456789666666 地址、电话：汉东市江北路168号 0425-2883116 开户行及账号：工行汉东分行江北路分理处 012345600000	密码区	(略)

货物或应税劳务名称	规格型号	单位	数量	单价	金额	税率	税额
文件夹		个	20	12.00	240.00	13%	31.20
钢笔		支	5	45.00	225.00		29.25
打印纸		包	20	18.50	370.00		48.10
计算器		个	5	35.00	175.00		22.75
合计					¥1010.00		¥131.30

价税合计(大写)：壹仟壹佰肆拾壹元叁角整　　　(小写)¥1 141.30

销货单位	名称：汉东文化商城 纳税人识别号：200123422651146 地址、电话：汉东市梨花路08号 0425-3449988 开户行及账号：工行汉东分行梨花路分理处 102030351636	备注	（汉东文化商城发票专用章 2001 2342 2651 146）

收款人：王强　　复核：刘华　　开票人：李明　　销货单位：

业务62-1

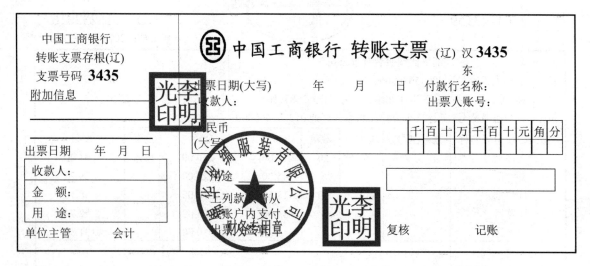

业务62-2-1

辽宁增值税专用发票
抵扣联

2101139839

NO 015238972

开票日期：2019年12月19日

购货单位	名　　　称：锦华丝绸服装有限公司 纳税人识别号：200456789666666 地　址、电　话：汉东市江北路 168 号 0425-2883116 开户行及账号：工行汉东分行江北路分理处 　　　　　　　　012345600000			密码区		(略)		
货物或应税劳务名称	规格型号	单位	数量	单价	金额		税率	税额
运输费 合　计			1	2000.00	2 000.00 ¥ 2 000.00		9%	180.00 ¥180.00
价税合计(大写)	贰仟壹佰捌拾元整				(小写)¥2 180.00			
销货单位	名　　　称：顺达运输公司 纳税人识别号：20045612756358 地　址、电　话：汉东市震泽区 18 号 0425-3442566 开户行及账号：工行汉东市震泽支行 　　　　　　　　211565653322			备注				

收款人：李华　　　复核：卢欣　　　开票人：赵全　　　销货单位：

业务62-2-2

辽宁增值税专用发票
发票联

2101139839

NO 015238972

开票日期：2019年12月19日

购货单位	名　　　称：锦华丝绸服装有限公司 纳税人识别号：200456789666666 地　址、电　话：汉东市江北路168号 0425-2883116 开户行及账号：工行汉东分行江北路分理处 　　　　　　　012345600000	密码区	(略)
货物或应税劳务名称	规格型号	单位	数量	单价	金额	税率	税额
运输费 合　　计			1	2000.00	2 000.00 ¥2 000.00	9%	180.00 ¥180.00
价税合计(大写)	贰仟壹佰捌拾元整		(小写)¥2 180.00
销货单位	名　　　称：顺达运输公司 纳税人识别号：20045612756358 地　址、电　话：汉东市震泽区18号 0425-3442566 开户行及账号：工行汉东市震泽支行 　　　　　　　211565653322	备注	

收款人：李华　　复核：卢欣　　开票：赵全　　销货单位：

第三联：发票联 购货方记账凭证

国税函 [2019]1232号北京印钞厂

业务63-1

收　　　据
　　　年　月　日　　　　　　　　　　　　　　编号：

交款单位＿＿＿＿＿＿＿＿　交款人＿＿＿＿＿＿＿＿＿＿＿＿

交　来＿＿＿＿＿＿＿＿＿＿＿＿＿＿＿＿＿＿＿＿＿＿＿款

人民币(大写)＿＿＿＿＿＿＿＿＿＿＿＿　¥＿＿＿＿＿＿

收款单位：　　　　会计主管：　　　　收款人：

业务64-1

中国工商银行辽宁省分行　　存(贷)款利息回单

币种：人民币(本位币)　　　单位：元　　　　　2019 年 12 月 20 日

付款人	户名	锦华丝绸服装有限公司		收款人	户名	工行汉东分行江北路分理处	
	账号	012345600000			账号	102030351663	
实收(付)金额		1 112.00		计息户账号		102030351663	
借据编号		225221		借据序号		592223	
备注	起息日期	止息日期	积数/息余		利率	利息	
	2019.11.21	2019.12.20	5 560 000.00		7.2%	1 112.00	
	调整利息：				冲正利息：		
	应收(付)利息合计：壹仟壹佰壹拾贰元整						
	银行章：（转账转讫 2019.12.xx 工行汉东分行江北路分理处）			经办人：孙华			

业务65-1

中国工商银行辽宁省分行　　存(贷)款利息回单

币种：人民币(本位币)　　　单位：元　　　　　2019 年 12 月 20 日

付款人	户名	工行汉东分行江北路分理处		收款人	户名	锦华丝绸服装有限公司	
	账号	102030351663			账号	012345600000	
实收(付)金额		360.00		计息户账号		012345600000	
借据编号				借据序号			
备注	起息日期	止息日期	积数/息余		利率	利息	
	2019.11.21	2019.12.20	1 800 000.00		0.72%	360.00	
	调整利息：				冲正利息：		
	应收(付)利息合计：叁佰陆拾元整						
	银行章：（转账转讫 2019.12.xx 工行汉东分行江北路分理处）			经办人：孙华			

业务66-1

产 品 入 库 单

交库部门：　　　　　　　　　　年　月　日　　　　　　　　凭证编号：

产品类别	产品名称及规格	计量单位	数　量	单位成本	总成本
合　计					

记账：　　　　　　　主管：　　　　　　　保管：　　　　　　　交库：

第二联　记账联

业务67-1

产品销售通知单

购货单位：中友百货有限责任公司　　　2019 年 12 月 20 日　　　　凭证编号：

产品类别	产品名称及规格	计量单位	数　量	单价	总价	备注
男士真丝服装	男士真丝睡衣	套	200	580.00	116 000.00	
	男士真丝印花睡衣	套	200	560.00	112 000.00	
	男士真丝印花睡袍	件	300	320.00	96 000.00	
女士真丝服装	女士真丝睡衣	套	200	580.00	116 000.00	
	女士真丝印花睡衣	套	200	560.00	112 000.00	
	女士真丝印花睡裙	件	400	300.00	120 000.00	
合　计					672 000.00	

销售主管：高安康　　　　　　　　　　　制单：潘杰云

第二联　记账联

业务67-2

产 品 出 库 单

用途：　　　　　　　　　　年　月　日　　　　　　　凭证编号：

产品类别	产品名称及规格	计量单位	数 量	单位成本	总成本
合　　计					

记账：　　　　　　主管：　　　　　　保管：　　　　　　提货：

第二联 记账联

业务67-3

辽宁增值税专用发票
记账联

2101133345　　　　　　　　　　　　　　　　　　NO　015224459

开票日期：2019年12月20日

购货单位	名　　称：中友百货有限责任公司 纳税人识别号：210362525465878 地址、电话：北京西城区西单北大街5号 010-5667433 开户行及账号：建行北京西单支行　91012751801456	密码区	（略）

货物或应税劳务名称	规格型号	单位	数量	单价	金额	税率	税额
男士真丝睡衣		套	200	580.00	116 000.00	13%	15 080.00
男士真丝印花睡衣		套	200	560.00	112 000.00		14 560.00
男士真丝印花睡袍		件	300	320.00	96 000.00		12 480.00
女士真丝睡衣		套	200	580.00	116 000.00		15 080.00
女士真丝印花睡衣		套	200	560.00	112 000.00		14 560.00
女士真丝印花睡裙		件	400	300.00	120 000.00		15 600.00
合计					¥672 000.00		¥87 360.00

价税合计（大写）	柒拾伍万玖仟叁佰陆拾元整	（小写）¥759 360.00

销货单位	名　　称：锦华丝绸服装有限公司 纳税人识别号：200456789666666 地址、电话：汉东市江北路168号 0425-2883116 开户行及账号：工行汉东分行江北路分理处　012345600000	备注	（发票专用章）

收款人：　　　　复核：李凯　　　　开票人：刘丽敏　　　　销货单位：

国税函 [2019]1232号北京印物厂

第一联：记账联　销货方记账凭证

业务67-4

托收凭证(受理回单)

委托日期 2019 年 12 月 20 日

1

业务类型		委托收款(□邮划、☑电划)			托收承付(□邮划、□电划)										
付款人	全称	中友百货有限责任公司			收款人	全称	锦华丝绸服装有限公司								
	账号	91012751801456				账号	012345600000								
	地址	北京市	开户行	建行北京西单支行		地址	辽宁省汉东市	开户行		工行江北路分理处					
金额	人民币(大写)	柒拾伍万玖仟叁佰陆拾元整			亿	千	百	十	万	千	百	十	元	角	分
						¥	7	5	9	3	6	0	0	0	
款项内容		货款	托收凭据名称	发票、运单				附寄单证张数		3					
商品发运情况		代运			合同名称号码										
备注：复核 记账				款项收妥日期 年 月 日		收款人开户银行盖章									

业务67-5

中国工商银行 收费凭证

2019 年 12 月 20 日

户 名	锦华丝绸服装有限公司				账 号	012345600000									
收费项目	起止号码	数量	单价	工本费		手续费				邮电费					
						1.00				10.00					
	金 额 小 计					1.00				10.00					
金额合计(大写)	壹拾壹元整				亿	千	百	十	万	千	百	十	元	角	分
											¥	1	1	0	0

制票：郑倩倩　　　　　　复核：闫松

业务68-1

辽宁增值税专用发票
记账联

2101132456　　　　　　　　　　　　　　　　　　　　NO　015224472

开票日期：2019年12月20日

购货单位	名　　称：顺发运输有限公司 纳税人识别号：200456789997766 地　址、电　话：汉东市立信路234号 开户行及账号：工行汉东分行立信分理处 　　　　　　　　012345677852	密码区	（略）

货物或应税劳务名称	规格型号	单位	数量	单价	金　额	税率	税　额
租赁费			1	2000.00	2 000.00	13%	260.00
合　计					¥2 000.00		¥260.00

价税合计(大写)	贰仟贰佰陆拾元整	（小写）¥2 260.00

销货单位	名　　称：锦华丝绸服装有限公司 纳税人识别号：200456789666666 地　址、电　话：汉东市江北路168号 0425-2883116 开户行及账号：工行汉东分行江北路分理处 　　　　　　　　012345600000	备注	（锦华丝绸服装有限公司 200456789666666 发票专用章）

收款人：徐新　　　复核：姚楠　　　开票人：万东升　　　销货单位：

第一联：记账联 销货方记账凭证

国税函 [2019]1232号北京印制

业务68-2

中国工商银行　**进账单**(收账通知)　　**3**

年　月　日

出票人	全　称		收款人	全　称		此联是银行交给收款人的收账通知
	账　号			账　号		
	开户银行			开户银行		

金额	人民币 (大写)		亿	千	百	十	万	千	百	十	元	角	分

票据种类		票据张数	
票据号码			

复核　　　记账

（工行汉东分行江北路分理处 2019.12.xx 转账 开户银行签章）

业务68-3

固定资产租赁合同

2019 年 12 月 20 日

出租单位名称	锦华丝绸服装有限公司	租入单位名称		顺发运输有限公司	
固定资产名称	解放货车	类 别	采购部使用	原始价值	120 000.00
租 金	月租金2000.00元	租赁期限	2019.12.20—2020.1.20	备 注	

采购部长：黄泽文　　　　　财务部长：　　　　　　经办人：黄泽文

业务69-1-1

辽宁增值税专用发票

抵扣联

2101839913　　　　　　　　　　　　　　　　　NO 016928798

开票日期：2019年12月20日

购货单位	名　　称：锦华丝绸服装有限公司 纳税人识别号：200456789666666 地址、电话：汉东市江北路168号 0425-2883116 开户行及账号：工行汉东分行江北路分理处 　　　　　　　012345600000	密码区	（略）		
货物或应税劳务名称	规格型号	单位	数量	单价	金　额	税率	税　额

货物或应税劳务名称	规格型号	单位	数量	单价	金额	税率	税额
惠普M1005激光一体机		台	2	1890.00	3780.00	13%	491.40
合　计					￥3780.00		￥491.40
价税合计（大写）	肆仟贰佰柒拾壹元肆角整				（小写）￥4271.40		

| 销货单位 | 名　　称：梅达商城
纳税人识别号：20045612332541
地址、电话：汉东市盛会区121号 0425-2886655
开户行及账号：工行汉东市盛会区支行
　　　　　　　211563322565 | 备注 |  | | |

收款人：肖华　　　复核：郭凯　　　开票人：赵海　　　销货单位：

业务69-1-2

辽宁增值税专用发票
发票联

2101839913　　　　　　　　　　　　　　　　NO 016928798

开票日期：2019年12月20日

购货单位	名　称：锦华丝绸服装有限公司 纳税人识别号：200456789666666 地址、电话：汉东市江北路168号 0425-2883116 开户行及账号：工行汉东分行江北路分理处 012345600000	密码区	(略)

货物或应税劳务名称	规格型号	单位	数量	单价	金额	税率	税额
惠普M1005激光一体机		台	2	1890.00	3780.00	13%	491.40
合　计					￥3780.00		￥491.40

价税合计(大写)	肆仟贰佰柒拾壹元肆角整	(小写) ￥4271.40

销货单位	名　称：梅达商城 纳税人识别号：20045612332541 地址、电话：汉东市盛会区121号 0425-2886655 开户行及账号：工行汉东市盛会区支行 211563322565	备注	梅达商城 20045612332541 发票专用章

收款人：肖华　　　复核：郭凯　　　开票人：赵海　　　销货单位

第三联：发票联　购货方记账凭证

国税函 [2019]1232号北京印钞厂

业务69-2

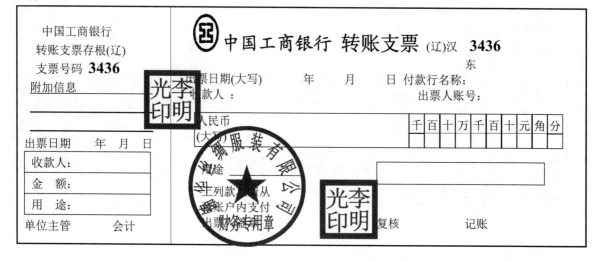

业务70-1

收 料 单

发票号码：
供应单位：　　　　　　　　　　　　　　年　月　日　　　　凭证编号：

材料类别	材料名称及规格	计量单位	数量		单价	买价	运杂费	实际成本	计划成本	成本差异	
			发票	实收							第二联　记账联
合计											

记账：　　　　　　　　主管：　　　　　　　　验收：　　　　　　　　交料：

业务71-1

中国工商银行　业务委托书

委托日期 2019 年 12 月 21 日　　　　辽 A009266884

银行打印			(略)					第三联 回单联
客户填写	业务类型	□电汇　☑信汇 □本票申请书	□汇票申请书 □其他		汇款方式	□普通　□加急		
	委托人	全　　称	锦华丝绸服装有限公司	收款人	全　　称	浙江华盛丝绸有限公司		
		账号或地址	012345600000		账号或地址	012345655221		
		开户行名称	工行汉东分行江北路分理处		开户行名称	建行杭州市拱墅支行		
		开户银行	辽宁 省 汉东 市		开户银行	浙江 省 杭州 市		
	金额(大写) 人民币：贰拾伍万元整					亿千百十万千百十元角分 ￥ 2 5 0 0 0 0 0 0		
	支付密码				付出行签字：			
	加急汇款签字							
	用途	购原料						
	附加信息及用途：							

业务71-2

中国工商银行 收费凭证

2019 年 12 月 21 日

户 名	锦华丝绸服装有限公司			账 号	012345600000		
收费项目	起止号码	数 量	单 价	工本费	手续费	邮电费	
					0.5	10.00	
金额小计					0.5	10.00	
金额合计（大写）	壹拾元伍角整				亿千百十万千百十元角分 ¥ 1 0 5 0		

第一联 客户回单

制票：郑倩倩　　　　　　　　　　复核：闫松

（工行汉东分行江北路分理处 2019.12.xx 转账）

业务72-1

短期借款申请书

2019 年 12 月 21 日

企业名称	锦华丝绸服装有限公司	法 人代 表	李明光	企 业性 质	有限公司
地址	汉东市江北路168号	财 务负责人		联系电话	2883116
经营范围	生产销售服装	主 管部 门			
借款期限	自2019年12月21日至2020年4月21日				
主要用途及效益说明	服装销售情况很好，需要周转资金			申请金额	150 000.00
单位财务章 财务部门负责人 （财务专用章）		信贷员意见 同意 行主管领导 高军　　业务部门负责人 王飞 （光李印明）			

业务72-2

(短期贷款) 借款凭证(收账通知)　　ⅦⅧ00045889

2019年12月21日

借款人	全　称	工行汉东支行江北路分理处	收款人	全　称	锦华丝绸服装有限公司
	放款户账号	65221130210		往来户账号	012345600000
	开户银行	工商银行汉东支行		开户银行	工行汉东支行江北路分理处
借款期限(最后还款日)		20120年4月21日	催款计划指标		

借款申请金额	人民币(大写)壹拾伍万元整	万	千	百	十	万	千	百	十	元	角	分
					¥	1	5	0	0	0	0	0	0

借款原因及用途	生产周转	银行核定金额	万	千	百	十	万	千	百	十	元	角	分
						¥	1	5	0	0	0	0	0	0

期限	计划还款日期	计划还款金额	分次还款记录	期次	还款日期	还款金额	结欠
1	2020年4月21日	150 000.00					
2							
备注							

(盖章：工行汉东分行江北路分理处 2019.12.xx 转账)

业务73-1

同城特约委托收款专用发票　　NO 00056987

2019年12月22日　　委托号码：

付款人	全　称	锦华丝绸服装有限公司	收款人	全　称	中国联合网络通信有限公司汉东分公司
	账　号	012345600000		账　号	102030403256
	开户银行	工行汉东支行江北路分理处		开户银行	工行汉东分行

金额	人民币(大写)陆仟伍佰肆拾元整	亿	千	百	十	万	千	百	十	元	角	分
							¥	6	5	4	0	0	0

⑤ 报销凭证

项目内容	2019话费xx	票据张数	合同号码	注意事项：
月租费：600.00	长途话费：500.00			1.上列款项实行见票全额付款。
本地通话费：4900.00	其他费：660.00			2.上列款项若有误，与收款单位协商解决。

会计：黎明　　　　复核：邓红　　　　记账：　　　　(代支款通知，手写无效)

(盖章：工行汉东分行江北路分理处 2019.12.xx 转账 / 中国联合网络通信有限公司汉东分公司 财务专用章)

业务73-2-1

辽宁增值税专用发票 抵扣联

2101133932　　　　　　　　　　　　　　　　NO　015229999

开票日期：2019年12月23日

购货单位	名　称：锦华丝绸服装有限公司 纳税人识别号：200456789666666 地　址、电　话：汉东市江北路168号 0425-2883116 开户行及账号：工行汉东分行江北路分理处 　　　　　　　　012345600000	密码区	（略）		
货物或应税劳务名称	规格型号	单位	数量	单价	金额	税率	税额
通话费 合　计					6000.00 ¥6000.00	9%	540.00 ¥540.00
价税合计（大写）	陆仟伍佰肆拾元整				（小写）¥6 540.00		
销货单位	名　称：中国联合网络通信有限公司汉东分公司 纳税人识别号：200123456511123 地　址、电　话：汉东市七纬路42号 0425-3884000 开户行及账号：工行汉东分行七纬路分理 　　　　　　　　102030403256	备注			

收款人：林红　　复核：董栋　　开票人：梅林　　销货单位：

第二联：抵扣联　购货方抵扣凭证

业务73-2-2

辽宁增值税专用发票 发票联

2101133932　　　　　　　　　　　　　　　　NO　015229999

开票日期：2019年12月23日

购货单位	名　称：锦华丝绸服装有限公司 纳税人识别号：200456789666666 地　址、电　话：汉东市江北路168号 0425-2883116 开户行及账号：工行汉东分行江北路分理处 　　　　　　　　012345600000	密码区	（略）		
货物或应税劳务名称	规格型号	单位	数量	单价	金额	税率	税额
通话费 合　计					6000.00 ¥6000.00	9%	540.00 ¥540.00
价税合计（大写）	陆仟伍佰肆拾元整				（小写）¥6 540.00		
销货单位	名　称：中国联合网络通信有限公司汉东分公司 纳税人识别号：200123456511123 地　址、电　话：汉东市七纬路42号 0425-3884000 开户行及账号：工行汉东分行七纬路分理 　　　　　　　　102030403256	备注			

收款人：林红　　复核：董栋　　开票人：梅林　　销货单位：

第三联：发票联　购货方记账凭证

业务74-1-1

辽宁增值税专用发票
抵扣联

2101135888　　　　　　　　　　　　　　NO 015221041

开票日期：2019年12月23日

购货单位	名　称：锦华丝绸服装有限公司 纳税人识别号：200456789666666 地址、电话：汉东市江北路168号 0425-2883116 开户行及账号：工行汉东分行江北路分理处 　　　　　　　012345600000	密码区	（略）

货物或应税劳务名称	规格型号	单位	数量	单价	金额	税率	税额
电		千瓦时	36400	1.00	36 400.00	13%	4 732.00
合计					¥36 400.00		¥4 732.00

价税合计（大写）	肆万壹仟壹佰叁拾贰元整	（小写）¥41 132.00

销货单位	名　称：汉东市电业局 纳税人识别号：200123456136421 地址、电话：汉东市永兴路123号 0425-2885664 开户行及账号：工行汉东分行江北路分理处 　　　　　　　102030405632	备注	

收款人：林红　　复核：董栋　　开票人：梅林　　销货单位：

业务74-1-2

辽宁增值税专用发票
发票联

2101135888　　　　　　　　　　　　　　NO 015221041

开票日期：2019年12月23日

购货单位	名　称：锦华丝绸服装有限公司 纳税人识别号：200456789666666 地址、电话：汉东市江北路168号 0425-2883116 开户行及账号：工行汉东分行江北路分理处 　　　　　　　012345600000	密码区	（略）

货物或应税劳务名称	规格型号	单位	数量	单价	金额	税率	税额
电		千瓦时	36400	1.00	36 400.00	13%	4 732.00
合计					¥36 400.00		¥4 732.00

价税合计（大写）	肆万壹仟壹佰叁拾贰元整	（小写）¥41 132.00

销货单位	名　称：汉东市电业局 纳税人识别号：200123456136421 地址、电话：汉东市永兴路123号 0425-2885664 开户行及账号：工行汉东分行江北路分理处 　　　　　　　102030405632	备注	

收款人：林红　　复核：董栋　　开票人：梅林　　销货单位：

业务74-2

同城特约委托收款专用发票　　NO 00056988
2019 年 12 月 22 日　　委托号码：

付款人	全称	锦华丝绸服装有限公司	收款人	全称	汉东市电业局
	账号	012345600000		账号	102030407834
	开户银行	工行汉东支行江北路分理处		开户银行	工行汉东分行江北路分理处

金额	人民币（大写）	肆万壹仟壹佰叁拾贰元整	亿 千 百 十 万 千 百 十 元 角 分
			¥　　　　4 1 1 3 2 0 0

项目内容	2019.12.xx	票据张数		合同号码		注意事项： 1.上列款项实行见票全额付款。 2.上列款项若有误，与收款单位协商解决。
		收款单位盖章				

会计：黎明　　　　复核：邓红　　　　记账：　　　(代支款通知，手写无效)

⑤报销凭证

业务75-1

托收凭证　　(汇款依据或收账通知)　　4

托收日期 2019 年 12 月 20 日　　付款日期：2019 年 12 月 23

业务类型	委托收款(□邮划、☑电划)			托收承付(□邮划、□电划)		
付款人	全称	中友百货有限责任公司		收款人	全称	锦华丝绸服装有限公司
	账号	91012751801456			账号	012345600000
	地址	北京省北京市	开户行	建行北京西单支行	地址	辽宁省汉东市	开户行	工行江北路分理处

金额	柒拾伍万玖仟叁佰陆拾元整	亿 千 百 十 万 千 百 十 元 角 分
		¥　7 5 9 3 6 0 0 0

款项内容	货款	托收凭据名称	发票、运单	附寄单证张数	3
商品发运情况			合同号码	2315	
备注	上列款项已划同收入你方账户 收款人开户银行签章 2019 年 12 月 23 日				

复核　　记账

此联付款人开户行付款或收款人开户银行作收款通知

业务76-1

领 料 单

领料部门：
用　途：　　　　　　　　　　　　年　月　日　　　凭证编号：

材料类别	材料名称及规格	计量单位	数量		计划单价	金　额(元)	
			请领	实领			第二联　记账联
合　计							

记账：　　　　　　审批人：　　　　　　领料：　　　　　　发料：

业务76-2

领 料 单

领料部门：
用　途：　　　　　　　　　　　　年　月　日　　　凭证编号：

材料类别	材料名称及规格	计量单位	数量		计划单价	金　额(元)	
			请领	实领			第二联　记账联
合　计							

记账：　　　　　　审批人：　　　　　　领料：　　　　　　发料：

业务76-3

领 料 单

领料部门：
用　途：　　　　　　　　　　　年　月　日　　　　凭证编号：

材料类别	材料名称及规格	计量单位	数量		计划单价	金　额(元)	
			请领	实领			
							第二联　记账联
合　计							

记账：　　　　　　　审批人：　　　　　　领料：　　　　　　发料：

业务76-4

领 料 单

领料部门：
用　途：　　　　　　　　　　　年　月　日　　　　凭证编号：

材料类别	材料名称及规格	计量单位	数量		计划单价	金　额(元)	
			请领	实领			
							第二联　记账联
合　计							

记账：　　　　　　　审批人：　　　　　　领料：　　　　　　发料：

业务76-5

领 料 单

领料部门：
用　途：　　　　　　　　　　年　月　日　　　　凭证编号：

材料类别	材料名称及规格	计量单位	数量		计划单价	金　额(元)	
			请领	实领			第二联　记账联
合　计							

记账：　　　　　审批人：　　　　　领料：　　　　　发料：

业务76-6

领 料 单

领料部门：
用　途：　　　　　　　　　　年　月　日　　　　凭证编号：

材料类别	材料名称及规格	计量单位	数量		计划单价	金　额(元)	
			请领	实领			第二联　记账联
合　计							

记账：　　　　　审批人：　　　　　领料：　　　　　发料：

业务76-7

领 料 单

领料部门：
用　途：　　　　　　　　　　　　年　月　日　　　　凭证编号：

材料类别	材料名称及规格	计量单位	数量 请领	数量 实领	计划单价	金额(元)
合　计						

记账：　　　　　　审批人：　　　　　领料：　　　　　　发料：

第二联　记账联

业务77-1

中国工商银行 **进账单**(收账通知) **3**

年　月　日

出票人	全　称		收款人	全　称		亿	千	百	十	万	千	百	十	元	角	分
	账　号			账　号												
	开户银行			开户银行												
金额	人民币(大写)															
票据种类		票据张数														
票据号码																

（工行汉东分行江北路分理处 2019.12.xx 转账）

复核　　　　记账

此联是银行交给收款人的收账通知

业务77-2

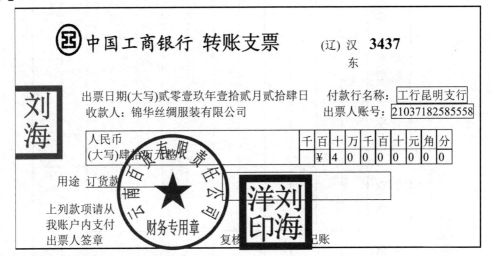

业务78-1

坏账核销审批表
年　月　日

欠款单位	欠款时间	欠款金额	核销金额	备注
核销原因：			审批意见：	

业务 79-1

"五险一金"提取计算及分配表
年 月 日

部门及产品名称	生产工时	分配率	应付工资	养老保险费	失业保险费	医疗保险费	生育保险费	工伤保险费	住房公积金	合计
服装生产和质检包装车间生产工人	男士真丝睡衣									
	男士真丝印花睡衣									
	男士真丝印花睡袍									
	女士真丝睡衣									
	女士真丝印花睡衣									
	女士真丝印花睡裙									
小　计										
服装生产车间管理人员										
质检包装车间管理人员										
供电车间										
机修车间										
行政管理部门										
合　计										

审核：　　　　　　　　　　　　　　制表：

第六篇　经济业务原始凭证

业务80-1

财产清查报告单

企业名称：　　　　　　　　　　　年　月　日

资产类别	资产名称	计量单位	单价	数量		盘盈		盘亏		备注
				账存	实存	数量	金额	数量	金额	

原因分析：

审批意见：

会计主管：　　　　　　保管使用：　　　　　　制单：

业务81-1-1

辽宁增值税专用发票
抵扣联

2101839913

NO　016227856

开票日期：2019年12月26日

购货单位	名　　称：锦华丝绸服装有限公司 纳税人识别号：200456789666666 地　址、电　话：汉东市江北路168号 0425-2883116 开户行及账号：工行汉东分行江北路分理处 012345600000				密码区	(略)			第二联：抵扣联 购货方抵扣凭证
货物或应税劳务名称	规格型号	单位	数量	单价	金额	税率	税额	
维修材料 合计		米	20	30.00	600.00 ¥600.00	13%	78.00 ¥78.00	
价税合计(大写)	陆佰柒拾捌元整					(小写)¥678.00		
销货单位	名　　称：梅达商城 纳税人识别号：20045612332541 地　址、电　话：汉东市盛会区121号 0425-2886655 开户行及账号：工行汉东市盛会区支行 211563322565				备注	梅达商城 20045612332541 发票专用章		

收款人：夏哲　　　复核：郭凯　　　开票人：于雨　　　销货单位：

业务81-1-2

辽宁增值税专用发票 发票联

2101839913　　　　　　　　　　　　　　　　NO 016227856

开票日期：2019年12月26日

购货单位	名　称：锦华丝绸服装有限公司 纳税人识别号：200456789666666 地址、电话：汉东市江北路168号 0425-2883116 开户行及账号：工行汉东分行江北路分理处 　　　　　　　　012345600000						密码区	（略）		
货物或应税劳务名称	规格型号	单位	数量	单价	金额			税率	税额	
维修材料 合计		米	20	30.00	600.00 ¥600.00			13%	78.00 ¥78.00	
价税合计（大写）	陆佰柒拾捌元整					（小写）¥678.00				
销货单位	名　称：梅达商城 纳税人识别号：20045612332541 地址、电话：汉东市盛会区121号 0425-2886655 开户行及账号：工行汉东市盛会区支行 　　　　　　　　211563322565						备注	（梅达商城发票专用章 20045612332541）		
收款人：夏哲		复核：郭凯			开票人：于雨			销货单位：		

业务82-1

辽宁增值税普通发票 发票联

210113315　　　　　　　　　　　　　　　　NO 018235227

开票日期：2019年12月26日

购货单位	名　称：锦华丝绸服装有限公司 纳税人识别号：200456789666666 地址、电话：汉东市江北路168号 0425-2883116 开户行及账号：工行汉东分行江北路分理处 　　　　　　　　012345600000						密码区	（略）		
货物或应税劳务名称	规格型号	单位	数量	单价	金额			税率	税额	
水果 茶叶 合计		斤 盒	10 1	10 200	100.00 200.00 ¥300.00			13%	13.00 26.00 ¥39.00	
价税合计（大写）	叁佰叁拾玖元整					（小写）¥339.00				
销货单位	名　称：东华超市 纳税人识别号：200123456153266 地址、电话：汉东市季海路67号 0425-3881677 开户行及账号：工行季海路分理处 　　　　　　　　102030152361						备注	（东华超市发票专用章 200123456153266）		
收款人：王妃		复核：于梅			开票人：赵梅			销货单位：		

业务83-1-1

辽宁增值税专用发票
抵扣联

2101839913　　　　　　　　　　　　　　　　　　NO 016227915

开票日期：2019年12月26日

购货单位	名　　称：锦华丝绸服装有限公司　　　　　　　　　　　　　　　　　　　　　　　　　　　　　　　　　　纳税人识别号：200456789666666　　　　　　　　　　　　　　　　　　　　　　　　　　　　　　　地　址、电　话：汉东市江北路168号 0425-2883116　　　　　　　　　　　　　　　　　　　开户行及账号：工行汉东分行江北路分理处 012345600000	密码区	(略)		
货物或应税劳务名称	规格型号	单位	数量	单价	金额	税率	税额
饮水机 合　计		台	1	840.00	840.00 ¥840.00	13%	109.20 ¥109.20
价税合计(大写)	玖佰肆拾玖元贰角整				(小写)¥949.20		
销货单位	名　　称：梅达商城　　　　　　　　　　　　　　　　　　　　　　　　　　　　　　　　　　　　　　纳税人识别号：20045612332541　　　　　　　　　　　　　　　　　　　　　　　　　　　　　　　地　址、电　话：汉东市盛会区121号 0425-2886655　　　　　　　　　　　　　　　　　　　　开户行及账号：工行汉东市盛会区支行 211563322565	备注			

收款人：肖华　　　　复核：郭凯　　　　开票人：赵海　　　　销货单位：

第二联：抵扣联 购货方抵扣凭证

业务83-1-2

辽宁增值税专用发票
发票联

2101839913　　　　　　　　　　　　　　　　　　NO 016227915

开票日期：2019年12月26日

购货单位	名　　称：锦华丝绸服装有限公司　　　　　　　　　　　　　　　　　　　　　　　　　　　　　　　　　　纳税人识别号：200456789666666　　　　　　　　　　　　　　　　　　　　　　　　　　　　　　　地　址、电　话：汉东市江北路168号 0425-2883116　　　　　　　　　　　　　　　　　　　开户行及账号：工行汉东分行江北路分理处 012345600000	密码区	(略)		
货物或应税劳务名称	规格型号	单位	数量	单价	金额	税率	税额
饮水机 合　计		台	1	840.00	840.00 ¥840.00	13%	109.20 ¥109.20
价税合计(大写)	玖佰肆拾玖元贰角整				(小写)¥949.20		
销货单位	名　　称：梅达商城　　　　　　　　　　　　　　　　　　　　　　　　　　　　　　　　　　　　　　纳税人识别号：20045612332541　　　　　　　　　　　　　　　　　　　　　　　　　　　　　　　地　址、电　话：汉东市盛会区121号 0425-2886655　　　　　　　　　　　　　　　　　　　　开户行及账号：工行汉东市盛会区支行 211563322565	备注			

收款人：肖华　　　　复核：郭凯　　　　开票人：赵海　　　　销货单位：

第三联：发票联 购货方记账凭证

业务83-2

收 料 单

发票号码：
供应单位：　　　　　　　　　　　　　年　月　日　　　　凭证编号：

材料类别	材料名称及规格	计量单位	数量		单价	买价	运杂费	实际成本	计划成本	成本差异
			发票	实收						
合计										

记账：　　　　　　　　主管：　　　　　　　　验收：　　　　　　　　交料：

第二联　记账联

业务83-3

领 料 单

领料部门：
用　途：　　　　　　　　　　　　　年　月　日　　　　凭证编号：

材料类别	材料名称及规格	计量单位	数量		计划单价	金额(元)
			请领	实领		
合　计						

记账：　　　　　　　　审批人：　　　　　　　　领料：　　　　　　　　发料：

第二联　记账联

业务84-1-1

辽宁增值税专用发票
抵扣联

2101633295　　　　　　　　　　　　　　NO　015222108

开票日期：2019年12月26日

购货单位	名　　称：锦华丝绸服装有限公司 纳税人识别号：200456789666666 地　址、电　话：汉东市江北路168号 0425-2883116 开户行及账号：工行汉东分行江北路分理处 　　　　　　　　012345600000	密码区	（略）

货物或应税劳务名称	规格型号	单位	数量	单价	金　　额	税率	税　　额
面粉	10公斤	袋	180	55.00	9 900.00	13%	1 287.00
鸡蛋		公斤	900	5.00	4 500.00		585.00
合　计					￥14 400.00		￥1 872.00

价税合计（大写）	壹万陆仟贰佰柒拾贰元整	（小写）￥16 272.00

销货单位	名　　称：隆盛粮油贸易公司 纳税人识别号：200123456132568 地　址、电　话：汉东市胜利路188号 开户行及账号：工行汉东分行胜利路分理处 　　　　　　　　012345689233	备注	（发票专用章）

收款人：徐新　　　复核：王平　　　开票人：万东升　　　销货单位：

第二联：抵扣联　购货方抵扣凭证

业务84-1-2

辽宁增值税专用发票
发票联

2101633295　　　　　　　　　　　　　　NO　015222108

开票日期：2019年12月26日

购货单位	名　　称：锦华丝绸服装有限公司 纳税人识别号：200456789666666 地　址、电　话：汉东市江北路168号 0425-2883116 开户行及账号：工行汉东分行江北路分理处 　　　　　　　　012345600000	密码区	（略）

货物或应税劳务名称	规格型号	单位	数量	单价	金　　额	税率	税　　额
面粉	10公斤	袋	180	55.00	9 900.00	13%	1 287.00
鸡蛋		公斤	900	5.00	4 500.00		585.00
合　计					￥14 400.00		￥1 872.00

价税合计（大写）	壹万陆仟贰佰柒拾贰元整	（小写）￥16 272.00

销货单位	名　　称：隆盛粮油贸易公司 纳税人识别号：200123456132568 地　址、电　话：汉东市胜利路188号 开户行及账号：工行汉东分行胜利路分理处 　　　　　　　　012345689233	备注	（发票专用章）

收款人：徐新　　　复核：王平　　　开票人：万东升　　　销货单位：

第三联：发票联　购货方记账凭证

业务84-2

中国工商银行	中国工商银行 转账支票 (辽)汉 3438
转账支票存根(辽)	出票日期(大写) 年 月 日 付款行名称：
支票号码 3438	收款人： 出票人账号：
附加信息	人民币(大写) 千百十万千百十元角分
出票日期　年　月　日	
收款人：	
金　额：	
用　途：	
单位主管　　会计	出票人财务专用章　　复核　　记账

业务85-1

福利发放计算表
年　月　日

部　门		人数	分配率	职工福利金额
服装生产车间	生产工人			
	车间管理人员			
质检包装车间	生产工人			
	车间管理人员			
	供电车间			
	机修车间			
	行政管理部门			
	合　计			

审核：　　　　　　　　　制表：

业务85-2

福利发放分配表
年　月　日

产品名称	生产工时	分配率	职工福利
男士真丝睡衣			
男士真丝印花睡衣			
男士真丝印花睡袍			
女士真丝睡衣			
女士真丝印花睡衣			
女士真丝印花睡裙			
合　计			

审核：　　　　　　　　　制表：

业务85-3

新年福利发放明细表(代领料单)

2019年12月26日

序号	姓名	部门	职务类别	面粉(10公斤/袋)	鸡蛋(公斤)	签名
1	李明光	综合办公室	管理人员	1	5	李明光
2	庞庆祥	综合办公室	管理人员	1	5	庞庆祥
3	赵红	综合办公室	管理人员	1	5	赵红
4	吴梦莹	综合办公室	管理人员	1	5	吴梦莹
5	谢远成	服装生产车间	管理人员	1	5	谢远成
6	张向东	服装生产车间	管理人员	1	5	张向东
7	袁海强	服装生产车间	生产人员	1	5	袁海强
8	赵进伟	服装生产车间	生产人员	1	5	赵进伟
9	乔伟	质检包装车间	管理人员	1	5	乔伟
10	赵波	质检包装车间	管理人员	1	5	赵波
11	黄永瑞	质检包装车间	生产人员	1	5	黄永瑞
12	赵建平	质检包装车间	生产人员	1	5	赵建平
13	岳宏亮	机修车间	管理人员	1	5	岳宏亮
14	张鹏伟	机修车间	管理人员	1	5	张鹏伟
15	任利宏	机修车间	生产人员	1	5	任利宏
16	李江	机修车间	生产人员	1	5	李江
17	刘旭东	供电车间	管理人员	1	5	刘旭东
18	吕志慧	供电车间	管理人员	1	5	吕志慧
19	刘顺龙	供电车间	生产人员	1	5	刘顺龙
20	安永明	供电车间	生产人员	1	5	安永明
21	宋志军	研发部	管理人员	1	5	宋志军
22	王兆建	研发部	管理人员	1	5	王兆建
23	高安康	营销部	管理人员	1	5	高安康
24	周迪	营销部	销售人员	1	5	周迪
25	潘杰云	营销部	销售人员	1	5	潘杰云
26	万新	成品库	管理人员	1	5	万新
179	黄泽文	采购部	管理人员	1	5	黄泽文
180	邹腾达	采购部	管理人员	1	5	邹腾达
合计		—	—	180	900	

审批: 　　　　　　　　　审核: 　　　　　　　　　制表:姜宁

业务86-1

中国工商银行 收费凭证
2019 年 12 月 26 日

户 名	锦华丝绸服装有限公司			账 号	012345600000									
收费项目	起止号码	数量	单价	工本费	手续费				邮电费					
现金支票		1	20	5										
转账支票		1	25	5										
金额小计					亿	千	百	十	万	千	百	十	元	角	分
金额合计(大写)	伍拾伍元整										¥	5	5	0	0

第一联 客户回单

制票：郑倩倩　　　　　　　　复核：闫松

业务87-1

　　　　　　　　　　2019　　12　　27

纳税人全称及纳税人识别号：锦华丝绸服装有限公司
　　　　　　　　　　　200456789666666
付款人全称：锦华丝绸服装有限公司
付款人账号：012345600000　　　　　　征收机关名称：汉东市江北区地方税务局
付款人开户银行：工行汉东分行江北路分理处　　收款国库(银行)名称：国家金库汉东市江北区支库(中国工商银行汉东分行)
小写(合计)金额：4800.00　　　　　　　　缴款书交易流水号：2019122726593789
大写(合计)金额：肆仟捌佰元整　　　　　　税票号码：320161210001150729
税(费)种名称：　　　所属时期：　　　　　实缴金额：
印花税　　　　　20191101-20191130　　　　4800.00

第1次打印　　第1页，共1页　　M000012004○202　　打印时间：2019　12　27

业务88-1

产品销售通知单

购货单位：个体户萧小妹　　2019 年 12 月 27 日　　凭证编号：

产品类别	产品名称及规格	计量单位	数 量	单 价	总 价	备注
男士真丝服装	男士真丝印花睡袍	件	100	320.00	32 000.00	
女士真丝服装	女士真丝印花睡裙	件	100	300.00	30 000.00	
合 计					62 000.00	

第二联 记账联

销售主管：高安康　　　　　　　　制单：潘杰云

业务88-2

产 品 出 库 单

用　途：　　　　　　　　　　年　月　日　　　　　　　　凭证编号：

产品类别	产品名称及规格	计量单位	数　量	单位成本	总成本
合　　计					

记账：　　　　　主管：　　　　　保管：　　　　　提货：

第二联　记账联

业务88-3

辽宁增值税普通发票
记账联

2101133345　　　　　　　　　　　　　　　　　　　　NO　015224605

开票日期：2019年12月27日

购货单位	名　　称：个体户萧小妹 纳税人识别号： 地　址、电话： 开户行及账号：6317560770019870388	密码区	（略）		
货物或应税劳务名称	规格型号	单位	数量	单价	金额	税率	税额
男士真丝印花睡袍		件	100	320.00	32 000.00	13%	4 160.00
女士真丝印花睡裙		件	100	300.00	30 000.00		3 900.00
合　计					¥62 000.00		¥8 060.00
价税合计（大写）	柒万零陆拾元整				（小写）¥70 060.00		
销货单位	名　　称：锦华丝绸服装有限公司 纳税人识别号：200456789666666 地　址、电话：汉东市江北路168号 0425-2883116 开户行及账号：工行汉东分行江北路分理处 012345600000	备注			

收款人：　　　　　复核：李凯　　　　开票人：刘丽敏　　　　销货单位：

第一联：记账联　销货方记账凭证

业务89-1

中国工商银行 现金缴存单

2019 年 12 月 27 日　　　　　　　　序号：0699

收款人户名	锦华丝绸服装有限公司		
收款人账号	012345600000	收款人开户行	工行汉东分行
缴款人	锦华丝绸服装有限公司	款项来源	销售收入

人民币：(大写)	陆万贰仟元整						百	十	万	千	百	十	元	角	分
							¥		7	0	0	6	0	0	0

票面	壹佰元	伍拾元	贰拾元	拾元	伍元	贰元	壹元	伍角	贰角	壹角	伍分
张数	700	1		1							

出纳：　　　　收款员：杨芳　　　　合计：　　　　复核员：　　　　记账员：

（盖章：工行汉东分行江北路分理处 2019.12.xx 转账转讫）

第二联 收款通知

业务90-1

产品销售通知单

购货单位：云南百货有限责任公司　　2019 年 12 月 27 日　　凭证编号：

产品类别	产品名称及规格	计量单位	数量	单价	总价	备注
男士真丝服装	男士真丝睡衣	套	500	580.00	290 000.00	
	男士真丝印花睡衣	套	500	560.00	280 000.00	
	男士真丝印花睡袍	件	500	320.00	160 000.00	
女士真丝服装	女士真丝睡衣	套	500	580.00	290 000.00	
	女士真丝印花睡衣	套	500	560.00	280 000.00	
	女士真丝印花睡裙	件	500	300.00	150 000.00	
合　计					1 450 000.00	

销售主管：高安康　　　　　　　制单：潘杰云

第二联 记账联

业务90-2

产品出库单

用途：　　　　　　　　　年　月　日　　　　凭证编号：

产品类别	产品名称及规格	计量单位	数　量	单位成本	总成本
合　计					

记账：　　　　主管：　　　　保管：　　　　提货：

第二联 记账联

业务 90-3

辽宁增值税专用发票
记账联

2101133345　　　　　　　　　　　　　　　　　　NO　015224460

开票日期：2019年12月27日

购货单位	名　　称：云南百货有限责任公司 纳税人识别号：210362525465878 地　址、电话：昆明市官渡区西街2号 0871-6557118 开户行及账号：工行昆明支行官渡区分理处 21037182585558	密码区	（略）

货物或应税劳务名称	规格型号	单位	数量	单价	金额	税率	税额
男士真丝睡衣		套	500	580.00	290 000.00	13%	37 700.00
男士真丝印花睡衣		套	500	560.00	280 000.00		36 400.00
男士真丝印花睡袍		件	500	320.00	160 000.00		20 800.00
女士真丝睡衣		套	500	580.00	290 000.00		37 700.00
女士真丝印花睡衣		套	500	560.00	280 000.00		36 400.00
女士真丝印花睡裙		件	500	300.00	150 000.00		19 500.00
合　　计					¥1 450 000.00		¥188 500.00

价税合计(大写)	壹佰陆拾叁万捌仟伍佰元整	（小写）¥1 638 500.00

销货单位	名　　称：锦华丝绸服装有限公司 纳税人识别号：200456789666666 地　址、电话：汉东市江北路168号 0425-2883116 开户行及账号：工行汉东分行江北路分理处 012345600000	备注	（锦华丝绸服装有限公司 发票专用章 200456789666666）

收款人：　　　　复核：李凯　　　　开票人：刘丽敏　　　　销货单位：

业务 90-4-1

银行承兑汇票　2

签发日期：贰零壹玖年壹拾贰月贰拾柒日　　　汇票号码　第　号

承兑申请人	全称	云南百货有限责任公司	收款人	全称	锦华丝绸服装有限公司
	账号	21037182585558		账号	012345600000
	开户银行	工行昆明支行官渡区分理处　行号		开户银行	工行汉东分行江北路分理处　行号

汇票金额	人民币（大写）壹佰贰拾叁万捌仟伍佰元整	千	百	十	万	千	百	十	元	角	分
			¥	1	2	3	8	5	0	0	0

汇票到期日：贰零贰零年叁月贰拾柒日

本汇票请你行承兑　承兑申请人签章

本汇票经本行承兑　到期日由本行付款　承兑银行签章　日　年

出票协议编号　　　　　　交易合同号码

汇票签发人签章　汇票专用章　经办　　复核　记账

业务 90-4-2

银行承兑汇票(解讫通知) 3

汇票号码 第 号

签发日期：贰零壹玖年壹拾贰月贰拾柒日

承兑申请人	全称	云南百货有限责任公司		收款人	全称	锦华丝绸服装有限公司	
	账号	21037182585558			账号	012345600000	
	开户银行	工行昆明支行官渡区分理处	行号		开户银行	工行汉东分行江北路分理处	行号

汇票金额	人民币(大写) 壹佰贰拾叁万捌仟伍佰元整	千 百 十 万 千 百 十 元 角 分 ¥ 1 2 3 8 5 0 0 0 0

汇票到期日 贰零贰零年叁月贰拾柒日

本汇票送请你行兑付，到期无条件付款

承兑申请人签章　　　　　承兑协议　　　　交易合同号码
　　　　　　　　　　　　汇票专用章
　　　　　　　　　　　　负责　　经办

业务 91-1

辽宁增值税专用发票
记账联

2101133345　　　　　　　　　　　　　　　　NO 015224461

开票日期：2019年12月27日

购货单位	名　　称：童心玩具厂 纳税人识别号：200456666678966 地　址、电话：汉东市江东路 68 号 0425-2881122 开户行及账号：工行汉东分行江东路分理处 012345605511	密码区	(略)

货物或应税劳务名称	规格型号	单位	数量	单价	金额	税率	税额
机油		瓶	100	12.00	1 200.00	13%	156.00
合　计					¥1 200.00		¥156.00

价税合计(大写)	壹仟叁佰伍拾陆元整	(小写)¥1 356.00

销货单位	名　　称：锦华丝绸服装有限公司 纳税人识别号：200456789666666 地　址、电话：汉东市江北路 168 号 0425-2883116 开户行及账号：工行汉东分行江北路分理处 012345600000	备注	

收款人：　　　　复核：李凯　　　开票人：刘丽敏　　　销货单位：

业务 91-2

材料销售通知单

购货单位：童心玩具厂　　　　2019 年 12 月 27 日　　　　凭证编号：

产品类别	产品名称及规格	计量单位	数量	单价	总价	备注
	机油	瓶	100	12.00	1 200.00	
合　计					1 200.00	

销售主管：高安康　　　　　　　　　　制单：潘杰云

第二联　记账联

业务 91-3

中国工商银行 **进账单**(收账通知) 3

年　月　日

出票人	全　称		收款人	全　称	
	账　号			账　号	
	开户银行			开户银行	

| 金额 | 人民币(大写) | | 亿 | 千 | 百 | 十 | 万 | 千 | 百 | 十 | 元 | 角 | 分 |

| 票据种类 | | 票据张数 | |
| 票据号码 | | | |

复核　　　记账

工行汉东分行江北路分理处
2019.12.xx
开户银行签章　转账转讫

此联是银行交给收款人的收账通知

业务 91-4

领　料　单

领料部门：
用　途：　　　　　　　　年　月　日　　　　凭证编号：

材料类别	材料名称及规格	计量单位	数量		计划单价	金额(元)
			请领	实领		
合　计						

记账：　　　　　　审批人：　　　　　　领料：　　　　　　发料：

第二联　记账联

业务 92-1

材料销售成本计算表
年　月　日

销售材料名称	数　量	计划单价	材料计划成本总额	材料成本差异额	销售材料实际总成本
合　　计					

备注：

　　审核：夏毅　　　　　　　　　　　　　　制表人：付聪

业务 93-1

发 放 股 利 通 知

　　根据股东大会决定，每股发放股利 1.00 元，你单位持有股票 80 000 股，将分得股利 80 000.00 元，领取时间另行通知。

东方股份有限公司
2019.12.27

业务 94-1-1

辽宁增值税专用发票
抵　扣　联

2101839913　　　　　　　　　　　　　　　　　　NO　01692966

开票日期：2019年12月28日

购货单位	名　　称	锦华丝绸服装有限公司	密码区	（略）
	纳税人识别号	200456789666666		
	地　址、电话	汉东市江北路168号 0425-2883116		
	开户行及账号	工行汉东分行江北路分理处 012345600000		

货物或应税劳务名称	规格型号	单位	数量	单价	金额	税率	税额
配套会计凭证		箱	1	240.00	240.00	13%	31.20
日记账		箱	1	240.00	240.00	13%	31.20
配套总账、明细账账簿		箱	1	210.00	210.00	13%	27.30
合　计					￥690.00		￥89.70

| 价税合计（大写） | 柒佰柒拾玖元柒角整 | （小写）￥779.70 |

销货单位	名　　称	梅达商城	备注	梅达商城 200456123325410 发票专用章
	纳税人识别号	200456123325410		
	地　址、电话	汉东市盛会区121号 0425-2886655		
	开户行及账号	工行汉东市盛会区支行 211563322565		

收款人：肖华　　复核：郭凯　　开票人：赵海　　销货单位：

业务 94-1-2

辽宁增值税专用发票 发票联

2101839913　　　　　　　　　　　　　　　NO　01692966

开票日期：2019年12月28日

购货单位	名　称：锦华丝绸服装有限公司 纳税人识别号：200456789666666 地　址、电　话：汉东市江北路168号 0425-2883116 开户行及账号：工行汉东分行江北路分理处 012345600000	密码区	（略）

货物或应税劳务名称	规格型号	单位	数量	单价	金　额	税率	税　额
配套会计凭证		箱	1	240.00	240.00	13%	31.20
日记账		箱	1	240.00	240.00	13%	31.20
配套总账、明细账账簿		箱	1	210.00	210.00	13%	27.30
合　计					¥690.00		¥89.70

价税合计(大写)	柒佰柒拾玖元柒角整	(小写)¥779.70

销货单位	名　称：梅达商城 纳税人识别号：20045612332541 地　址、电　话：汉东市盛会区121号 0425-2886655 开户行及账号：工行汉东市盛会区支行 211563322565	备注	（梅达商城发票专用章 20045612332541）

收款人：肖华　　　复核：郭凯　　　开票人：赵海　　　销货单位：

业务 95-1-1

辽宁增值税专用发票 发票联

2101172241　　　　　　　　　　　　　　　NO　014267543

开票日期：2019年12月28日

购货单位	名　称：锦华丝绸服装有限公司 纳税人识别号：200456789666666 地　址、电　话：汉东市江北路168号 0425-2883116 开户行及账号：工行汉东分行江北路分理处 012345600000	密码区	（略）

货物或应税劳务名称	规格型号	单位	数量	单价	金额	税率	税额
汽油	93#	升	500	7.40	3 700.00	13%	481.00
合　计					¥3 700.00		¥481.00

价税合计(大写)	肆仟壹佰捌拾壹元整	(小写)¥4 181.00

销货单位	名　称：中国石油公司汉东分公司 纳税人识别号：200123422223300 地　址、电　话：汉东市盛力路35号 0425-3886666 开户行及账号：工行汉东分行盛力路分理处 102030651166	备注	（中国石油公司汉东分公司发票专用章 200123422223300）

收款人：秦伟　　　复核：王晓霞　　　开票人：万明　　　销货单位：

业务 95-1-2

辽宁增值税专用发票 发票联

2101172241   NO 014267543
开票日期：2019年12月28日

购货单位	名称：锦华丝绸服装有限公司 纳税人识别号：200456789666666 地址、电话：汉东市江北路168号 0425-2883116 开户行及账号：工行汉东分行江北路分理处 012345600000	密码区	(略)

货物或应税劳务名称	规格型号	单位	数量	单价	金额	税率	税额
汽油	93#	升	500	7.40	3 700.00	13%	481.00
合 计					¥3 700.00		¥481.00

价税合计(大写)	肆仟壹佰捌拾壹元整	(小写)¥4 181.00

销货单位	名称：中国石油公司汉东分公司 纳税人识别号：200123422223300 地址、电话：汉东市盛力路35号 0425-3886666 开户行及账号：工行汉东分行盛力路分理处 102030651166	备注	

收款人：秦伟　　复核：王晓霞　　开票人：万明　　销货单位：

业务 95-2

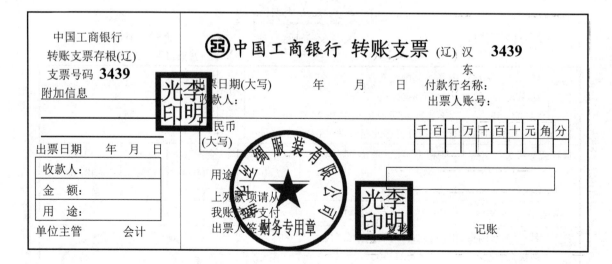

业务 96-1

财产清查报告单

企业名称：　　　　　　　　　　　　年　月　日

资产类别	资产名称	计量单位	单价	数量		盘盈		盘亏		备注
				账存	实存	数量	金额	数量	金额	

原因分析：　　　　　　　　　　　　　　　　　　审批意见：
　　　　　　　　　　　　　　　　　　　　　　　保管员赔偿 150.00 元，其余的列作经营
　　　　　　　　　　　　　　　　　　　　　　　损失。　　　　　　赵红

会计主管：　　　　　　保管使用：　　　　　　制单：

业务 96-2

收　　据

　　　　　　　　　　年　月　日　　　　　　编号：

交款单位＿＿＿＿＿＿＿＿＿　交款人＿＿＿＿＿＿＿＿＿

交　来＿＿＿＿＿＿＿＿＿＿＿＿＿＿＿＿＿＿＿＿＿款

人民币(大写)＿＿＿＿＿＿＿＿＿＿＿＿＿＿￥

收款单位＿＿＿＿＿＿＿　会计主管：＿＿＿＿　收款人：

业务 97-1

产 品 入 库 单

　　　　　　　　　　　　　年　月　日

交库部门：　　　　　　　　　　　　　　　　凭证编号：

产品类别	产品名称及规格	计量单位	数量	单位成本	总成本	
						第二联　记账联
合　计						

记账：　　　　　主管：　　　　　保管：　　　　　交库：

业务 98-1

固定资产折旧计算表

年　月　日

使用部门及类别	固定资产原值	月折旧率%	本月应提折旧额	备 注
服装生产车间				
其中：房屋				
机器设备				
质检包装车间				
其中：房屋				
机器设备				
供电车间				
其中：房屋				
机器设备				
机修车间				
其中：房屋				
机器设备				
管理部门				
其中：房屋				
办公设备				
运输设备				
合　　计				

审核：　　　　　　　　　　　　制表：

业务 99-1

预付费用摊销表

年　月　日

预付费用项目	待摊金额	本月摊销额	摊余金额	备 注
合　计				

审核：　　　　　　　　　　　　制表：

业务 100-1

无形资产摊销表
年　月　日

无形资产名称	账面价值	摊销年限	年摊销额	月摊销额
合　　计				

审核：　　　　　　　　　　　　　制表：

业务 101-1

收料凭证汇总表
年　月　日

材料名称	原料及主要材料		辅助材料		包装材料		合　　计	
	计划成本	实际成本	计划成本	实际成本	计划成本	实际成本	计划成本	实际成本
合　　计								
差异额								

审核：　　　　　　　　　　　　　制表：

业务 102-1

建筑工程决算书
竣工日期 2019 年 12 月 31 日　　　　　　　　NO 203

工程项目	车库建造工程	施工方式	包工程
预算价	30 000.00	决算价	291600.00
累计已付金额	290 000.00		
决算应付金额			

业务 102-2

土建工程验收单

批准文号：36021　　　　填报日期：2019 年 12 月 31 日

工程名称	车库建造工程	建设单位	锦华丝绸服装有限公司
施工单位	江城市一建公司	设计单位	江城市建筑设计院
建筑面积	150 平方米	底层面积	150 平方米
预算造价	300 000.00	决算造价	290 000.00
平方米造价	1 944.00	结　构	框架
层　次	1	使用部门	综合办公室
开工日期	2019.1.5	交付使用日期	2019.12.31
验收意见：经检查，质量达到原设计要求，同意交付使用。			
验收单位： 负责人签章：孙大河	施工单位： 负责人签章：李江		使用单位： 负责人签章：庞庆祥

业务 102-3

固定资产卡片

使用单位：综合办公室

名　称	车　库	原值价值	291 600.00	备　注
单　位	栋	使用年限	25 年	
数　量	1	折旧方法	平均年限法	
		预计残值	20 000.00	

业务 102-4

利息费用预提表

2019 年 12 月 31 日

项　目	借款本金	起止息日期	积　数	利率	利　息
长期借款	200 000	2019.11.30-12.30	6000000	9.6%	1 600.00

审核：　　　　　　　　　　　　制表：

业务 102-5

固定资产交付使用单

固定资产类别：房屋

固定资产 项目名称	车　库	型号及 规　格		建设单位	江城市一 建公司	取得来源	自　建
原　值	291 600	其　中 安装费		预计残值	4%	预计 清理费	
建造日期	2019.1.5	验收日期	2019.12.31	开始使用 日期		预计 使用年限	25
年折旧额		年折旧率	3.84%	月折旧额	933.12	月折旧率	0.32%
投入日期	2019.12.31			尚能使用 年　限		投入时 已提旧额	

接收单位负责人：　　　　　　　　　　　　交付单位负责人：雷鹏

业务 103-1

投资利息计算表
年　月　日

年 限	年初摊余成本 (1)=上年摊余成本-(4)	实际利息 (2)=摊余成本× 实际利率%	应计利息 (3)=票面值×票面利率%	年摊销额 (4)=(3)-(2)	月摊销额 (5)=(4)÷12
1					
2					
3					
4					
5					
合 计					

审核：　　　　　　　　　　　　制表：

业务 104-1

中国工商银行　进账单(收账通知)　3
年　月　日

出票人	全　称		收款人	全　称										
	账　号			账　号										
	开户银行			开户银行										
金额	人民币(大写)				亿	千	百	十	万	千	百	十	元	角
票据种类		票据张数												
票据号码														
复核　　　记账				开户银行盖章 工行汊东分行江北路分理处 2019.12.xx 转讫										

此联是银行交给收款人的收账通知

业务 105-1

应交房产税计算表
年　月

项 目	月初原值	扣减比例%	应纳税原值	纳税比例%	应纳税额	备 注

审核：　　　　　　　　　　　　制表：

业务 105-2

应交土地使用税计算表
年 月

占地面积	计税标准	年纳税额	月纳税额	备注

审核：   制表：

业务 106-1

坏账准备计算表
年 月 日

项目		行次	金额	备注
应收账项期末余额		1		
提取比例		2		
期末应有坏账准备		3		
坏账准备账户现有余额	借方	4		
	贷方	5		
本期应提坏账准备		6		
本期应冲坏账准备		7		

审核：   制单：

业务 107-1

无形资产减值通知

因技术的发展，公司原有的专有技术已贬值，根据专家预测贬值 20 000.00 元，故本期计提无形资产减值准备 20 000.00 元。

财务部长：
2019 年 财务专用章 日

业务 108-1

原材料成本差异率计算表
年 月 日

材料类别	成本差异额			计划成本			材料成本差异率%
	月初结存	本月增减	合计	月初结存	本月增减	合计	
原料及主要材料							
辅助材料							
包装材料							
合计							

业务 108-2

原材料发料凭证汇总表

年 月 日

领料部门及用途	原料及主要材料		辅助材料			包装材料			合　计		
	计划成本	差异额	实际成本	计划成本	差异额	实际成本	计划成本	差异额	实际成本	计划成本	差异额	实际成本
合　计												

审核：　　　　　　　　　　　　　　　　　制表：

业务 108-3

材料费用分配表
年　月　日

产品名称	分配记入		
	定额耗用量	费用分配率	分配金额
男士真丝睡衣			
女士真丝睡衣			
小　计			
男士真丝印花睡衣			
男士真丝印花睡袍			
女士真丝印花睡衣			
女士真丝印花睡裙			
小　计			
合　计			

审核：　　　　　　　　　　　　制表：

业务 108-4

辅助及包装材料费用分配表
年　月　日

产品名称	分配标准	分配率	辅助材料分配金额	分配率	包装材料分配金额	合计
男士真丝睡衣						
男士真丝印花睡衣						
男士真丝印花睡袍						
女士真丝睡衣						
女士真丝印花睡衣						
女士真丝印花睡裙						
合　计						

审核：　　　　　　　　　　　　制表：

业务 108-5

周转材料发料凭证汇总表

年 月 日

领料部门及用途	低值易耗品						包装物			合计
	剪刀	润滑油	抹布	电线	开关	插座	饮水机	包装盒	手提袋	包装箱	
服装生产车间											
质检包装车间											
供电车间											
机修车间											
行政管理部门											
合计											

审核: 制表:

业务 109-1

2019 年 12 月工资表

人员编号	姓名	基本工资	岗位工资	津贴补贴	应付工资合计	养老保险金	医疗保险金	失业保险金	公积金	个人所得税	扣款合计	实发工资合计	请假天数
101	李明光	12 420.00	1 500.00	280.00	14 200.00	1 136.00	284.00	142	710	18.90	2 290.90	11 909.10	
102	庞庆祥	11 740.00	1 500.00	260.00	13 500.00	1080.00	270.00	135	675		2 160.00	11340.00	
103	赵红	10 350.00	1 500.00	250.00	12 100.00	799.84.00	199.96	99.98	499.3		1 599.08	10 500.92	
104	吴梦莹	7 180.00	1 200.00	220.00	8 600.00	688.00	172.00	86	430		1 376.00	7224.00	
201	***	3 280.00	800.00	180.00	4 260.00	340.8.00	85.20	42.60	213	6.25	687.85	3 572.15	
202	***	2 630.00	300.00	150.00	3 080.00	246.4.00	61.60	30.80	154		492.80	2 587.20	
203	***	2 500.00	300.00	120.00	2 920.00	233.6.00	58.40	29.20	146		467.20	2 452.80	
204	***	2 550.00	200.00	100.00	2 850.00	228.00	57.00	28.50	142.50		456.00	2 394.00	
205	***	2 010.00	200.00	100.00	2 310.00	184.80	46.20	23.10	115.50		369.60	1 940.40	
301	高安康	5 770.00	1 200.00	240.00	7 210.00	576.80	144.20	72.10	360.50	5.34	1 158.94	6 051.06	
302	周 迪	5 380.00	1 000.00	200.00	6 580.00	526.40	131.60	65.80	329		1 052.80	5 527.20	
303	潘杰云	4 920.00	1 000.00	200.00	6 120.00	489.60	122.40	61.20	306		979.20	5 140.80	
304	万 新	3 701.00	800.00	150.00	4 651.00	372.08	93.02	46.51	232.55		744.16	3 906.84	
401	黄泽文	4 060.00	1 000.00	200.00	5 260.00	420.80	105.20	52.60	263	2.86	844.46	4 415.51	
402	邹腾达	3 550.00	800.00	180.00	4 530.00	362.40	90.60	45.30	226.50		724.80	3 805.20	
403	齐 威	3 140.00	800.00	180.00	4 120.00	329.60	82.40	41.20	206		659.20	3 460.80	
404	李 凡	2 510.00	300.00	120.00	2 930.00	234.40	58.60	29.30	146.50		468.80	2 461.20	
501	王 东	12 810.00	1 500.00	280.00	14 590.00	1 167.20	291.80	145.90	729.50	3.15	2 337.55	12 252.45	

续表

人员编号	姓名	基本工资	岗位工资	津贴补贴	应付工资合计	养老保险金	医疗保险金	失业保险金	公积金	个人所得税	扣款合计	实发工资合计	请假天数
601	谢远成	6 780.00	1 200.00	220.00	8 200.00	656.00	164.00	82.00	410.00	53.90	1 365.90	6 834.10	
602	张向东	5 800.00	1 100.00	200.00	7 100.00	568.00	142.00	71.00	355.00		1136.00	5 964.00	
603	袁海强	82 900.00	8 000.00	1600.00	92 500.00	7400.00	1850.00	925.00	4625.00		14800.00	77 700.00	
604	赵进伟	80 900.00	8 000.00	1600.00	90 500.00	7240.00	1810.00	905.00	4525.00		14 480.00	76 020.00	
701	乔 伟	5 675.00	1 000.00	200.00	6 875.00	550.00	137.50	68.75	343.75	42.50	1 142.50	5 732.50	
702	赵 波	3 410.00	800.00	150.00	4 360.00	348.80	87.20	43.60	218.00		697.60	3 662.40	
703	黄永瑞	54 000.00	7 000.00	1 500.00	62 500.00	5000.00	1250	625.00	3125.00		10 000.00	52 500	
704	赵建平	44 352.00	6 000.00	1 400.00	51 752.00	4 140.16	1 035.04	517.52	2 587.60		8 280.32	43 471.68	
801	岳宏党	3 445.00	300.00	150.00	3 895.00	311.60	77.90	38.95	194.75	4.25	627.45	3 267.55	
802	张鹏伟	2 948.00	300.00	140.00	3 388.00	271.04	67.76	33.88	169.40		542.08	2 845.92	
803	任利宏	7 140.00	1 200.00	220.00	8 560.00	684.80	171.20	85.60	428.00		1 396.60	7 190.40	
804	李 江	4 740.00	800.00	160.00	5 700.00	456.00	114.00	57.00	285.00		912.00	4 788.00	
901	刘旭东	4 275.00	800.00	140.00	5 215.00	417.20	104.10	52.15	260.75	5.50	839.70	4 375.30	
902	吕志慧	2 640.00	200.00	100.00	2 940.00	235.20	58.80	29.40	147.00		470.40	2 469.60	
903	刘顺龙	4 650.00	800.00	150.00	5 600.00	448.00	112.00	56.00	280.00		896.00	4 704.00	
904	安永明	7 210.00	1 200.00	200.00	8 610.00	688.80	172.20	86.10	430.50		1 377.60	7 232.40	
1001	宋志军	7 230.00	1 200.00	220.00	8 650.00	692.00	173.00	86.50	432.50	11.35	1 395.35	7 254.65	
1002	王兆建	5 820.00	1 100.00	200.00	7 120.00	393.04	98.46	49.13	246.25		786.88	6 333.12	
合 计		434 416.00	56 900.00	11 960.00	503 276.00	39 917.36	9 979.34	4 989.67	24 948.35	154	79 988.72	423 287.28	

业务 109-2

工资汇总表

2019 年 12 月 31 日

部门名称	人员类别	应发工资合计
采购部	管理人员	16 840.00
生产经营部	管理人员	14 590.00
营销部	销售人员	24 561.00
研发部	管理人员	15 770.00
财务部	管理人员	15 420.00
综合办公室	管理人员	48 400.00
服装生产车间	车间管理人员	15 300.00
服装生产车间	生产人员	183 000.00
质检包装车间	车间管理人员	11 235.00
质检包装车间	生产人员	114 252.00
机修车间	车间管理人员	7 283.00
机修车间	生产人员	14 260.00
供电车间	车间管理人员	8 155.00
供电车间	生产人员	14 210.00
合　计		503 276.00

业务 109-3

工资、工会经费和教育经费提取计算及分配表

年 月 日

部门及产品名称	生产工时	分配率	应付工资	工会经费		职工教育经费		合计
				计提比率%	计提金额	计提比率%	计提金额	
服装生产和质检包装车间生产工人	男士真丝睡衣							
	男士真丝印花睡衣							
	男士真丝印花睡袍							
	女士真丝睡衣							
	女士真丝印花睡衣							
	女士真丝印花睡裙							
小 计								
服装生产车间管理人员								
质检包装车间管理人员								
供电车间								
机修车间								
行政管理部门								
合 计								

审核: 制表:

业务 110-1

辅助生产费用分配表
年　月　日

车间和部门		供电车间			机修车间			合计
		供电量	分配率	分配金额	劳务量	分配率	分配金额	
服装生产车间	生产用							
	管理用							
质检包装车间	生产用							
	管理用							
行政管理部门								
合　计								

审核：　　　　　　　　　　　　　　　　制表：

业务 110-2

电费分配表
年　月　日

产品名称	生产工时	分配率	分配金额
男士真丝睡衣			
男士真丝印花睡衣			
男士真丝印花睡袍			
女士真丝睡衣			
女士真丝印花睡衣			
女士真丝印花睡裙			
合　计			

审核：　　　　　　　　　　　　　　　　制表：

业务 111-1

制造费用分配表
年　月　日

产品名称	生产工时	分配率	分配金额
男士真丝睡衣			
男士真丝印花睡衣			
男士真丝印花睡袍			
女士真丝睡衣			
女士真丝印花睡衣			
女士真丝印花睡裙			
合　计			

审核：　　　　　　　　　　　　　　　　制表：

业务 112-1

产品成本计算单

产品名称：　　　　　　　　　　　年　　月　　日　　　　　　　　完工产量：

项　　目	直接材料	直接人工	制造费用	合　计
月初在产品成本				
本月生产费用				
费用合计				
约当产量				
分配率				
完工产品总成本				
月末在产品成本				

审核：　　　　　　　　　　　　　　制单：

业务 112-2

产品成本计算单

产品名称：　　　　　　　　　　　年　　月　　日　　　　　　　　完工产量：

项　　目	直接材料	直接人工	制造费用	合　计
月初在产品成本				
本月生产费用				
费用合计				
约当产量				
分配率				
完工产品总成本				
月末在产品成本				

审核：　　　　　　　　　　　　　　制单：

业务 112-3

产品成本计算单

产品名称：　　　　　　　　　　　年　　月　　日　　　　　　　　完工产量：

项　　目	直接材料	直接人工	制造费用	合　计
月初在产品成本				
本月生产费用				
费用合计				
约当产量				
分配率				
完工产品总成本				
月末在产品成本				

审核：　　　　　　　　　　　　　　制单：

业务 112-4

产品成本计算单

产品名称：　　　　　　　　　　　　　年　月　日　　　　　　　　　完工产量：

项　目	直接材料	直接人工	制造费用	合　计
月初在产品成本				
本月生产费用				
费用合计				
约当产量				
分配率				
完工产品总成本				
月末在产品成本				

审核：　　　　　　　　　　　　　　　　　　　　制单：

业务 112-5

产品成本计算单

产品名称：　　　　　　　　　　　　　年　月　日　　　　　　　　　完工产量：

项　目	直接材料	直接人工	制造费用	合　计
月初在产品成本				
本月生产费用				
费用合计				
约当产量				
分配率				
完工产品总成本				
月末在产品成本				

审核：　　　　　　　　　　　　　　　　　　　　制单：

业务 112-6

产品成本计算单

产品名称：　　　　　　　　　　　年　月　日　　　　　　　　完工产量：

项　目	直接材料	直接人工	制造费用	合　计
月初在产品成本				
本月生产费用				
费用合计				
约当产量				
分配率				
完工产品总成本				
月末在产品成本				

审核：　　　　　　　　　　　　　　制单：

业务 112-7

完工产品成本汇总计算表

年　月　日

产品名称	数量	成本项目			产品总成本	产品单位成本
		直接材料	直接人工	制造费用		
男士真丝睡衣						
男士真丝印花睡衣						
男士真丝印花睡袍						
女士真丝睡衣						
女士真丝印花睡衣						
女士真丝印花睡裙						
合　计						

审核：　　　　　　　　　　　　　　制单：

业务 113-1

产品销售成本计算表

年　月　日

项目	产品名称	男士真丝睡衣	男士真丝印花睡衣	男士真丝印花睡袍	女士真丝睡衣	女士真丝印花睡衣	女士真丝印花睡裙	合　计
期初结存	数　量							
	总成本							
本月完工	数　量							
	总成本							
本月发出	数　量							
	总成本							
期末结存	数　量							
	单位成本							
	总成本							

审核：　　　　　　　　　　　　　　　　制单：

业务 114-1

城建税和教育费附加计算表

年　月　日

项　目	提　取　基　础			提取比例	提取金额
	增值税	消费税	合　计		
合　计					

审核：　　　　　　　　　　　　　　　　制单：

业务 114-2

增值税纳税申报表

税款所属时期：自　年　月　日至　年　月　日　　　填表日期：　年　月　日

纳税人识别号		所属行业		登记注册类型	
纳税人名称				法定代表人姓名	
营业地址				电话号码	

	项目	栏次	一般货物及劳务		即征即返货物及劳务	
			本月数	本年累计	本月数	本年累计
销售额	(一)按适用税率征税货物及劳务销售额	1				
	其中：应税货物销售额	2				
	应税劳务销售额	3				
	纳税检查调整的销售额	4				
	(二)按简易征收办法征税货物销售额	5				
	其中：纳税检查调整的销售额	6				
	(三)免、抵、退办法出口货物销售额	7			—	—
	(四)免税货物及劳务销售额	8			—	—
	其中：免税货物销售额	9			—	—
	免税劳务销售额	10			—	—
税款计算	销项税额	11				
	进项税额	12				
	上期留抵税额	13				—
	进项税额转出	14				
	免抵退货物应退税额	15			—	—
	按适用税率计算的纳税检查应补缴税额	16				
	应抵扣税额合计(12+13-14-15+16)	17				
	实际抵扣税额(如 17<11，则为 17，否则为 11)	18				
	应纳税额(19=11-18)	19				
	期末留抵税额(20=17-18)	20				—
	简易征收办法计算的应纳税额	21				
	按简易征收办法计算的纳税检查应补缴税额	22				
	应纳税额减征额	23				
	应纳税额合计(24=19+21-23)	24				
税款缴纳	期初未缴税额(多缴为负数)	25				
	实收出口开具专用缴款书退税额	26				
	本期已缴税额(27=28+29+30+31)	27				
	①分次预缴税额	28				
	②出口开具专用缴款书预缴税额	29				
	③本期缴纳上期应纳税额	30				
	④本期缴纳欠缴税额	31				
	期末未缴税额(多缴为负数)32=24+25+26-27	32				
	其中：欠缴税额(>=0)33=25+26-27	33				
	本期应补(退)税额 34=24-28-29	34				
	即征即退实际退税额	35				
	期初未缴查补税额	36				
	本期入库查补税额	37				
	期末未缴查补税额 38=16+22+36-37	38				

授权申明	如果你已委托代理申报人，请填写下列资料： 为代理一切税务事宜，现授权 (地址) 为本纳税人的代理申报人，任何与本申报表有关的往来文件都可寄与此人。 授权人签字：	申报人申明	此纳税申报表是根据《中华人民共和国增值税暂行条例》的规定填报的，我确信它是真实的、可靠的、完整的。 　　　　　　　　声明人签字：

以下由税务机关填写：
收到日期：　　　　　　接收人：　　　　　　征管税务机关盖章

业务 114-3

税 费 综 合 申 报 表

填表日期 年 月 日

单位：元(列至角分)、平方米、立方米、吨、本、人

纳税人名称				税号：					联系电话：					
税(费)种	应税(费)项目	税款所属时间(月、季、半年、年)	收入总额或增值税、消费税、营业税税额(原值、面积、激费基数)	允许扣除金额(比例)(1-应税所得)	计税(费)金额(数量、面积、人数)	税(费)率或预征服率(单位税额)	速算扣除数(率)	申报应纳税(费)额	已纳税(费)额	减免税(费)			批准延缓缴纳税(费)额	本期实际申报纳税(费)额	备注
										税基调整额	减免税额	性质代码			
1	2	3	4	5	6	7	8	9	10	11	12	13	14	15	16
合 计	—	—	—	—	—	—	—			—		—			

单位基本情况	职工总数： 其中：在职职工人数： 离退休人数： 残疾人人数：		
申报人声明	此纳税申报表是根据国家税收法律的规定填报的，我确信它是真实的、可靠的、完整的。 声明人： 法定代表人签字或盖章 年 月 日	授权人声明	我(公司)现授权_____为本纳税人的代理申报人，电话_____任何与申报有关的任务，均可此代理机构委托代理。合同号码： 授权人(法人代表、业主)签章： (公章) 年 月 日	代理人声明	本纳税申报表是根据国家税收法律的规定填报的，我确信它是真实的、完整的，如有不实，我愿意承担法律责任。 代理人(法人代表)签字盖章： 经办人签章： (代理人签章) 年 月 日

企业(业主)财务负责人或税务代理负责人签章 企业(业主)主管会计或税务代理主管签章 经办人(签章)

以下由税务机关填写
受理申报日期： 年 月 日
受理人签名(签章)：
复核人签名(签章)：

业务 115-1

月份损益类账户发生额表

账户名称	借方发生额	贷方发生额
主营业务收入		
其他业务收入		
投资收益		
营业外收入		
主营业务成本		
其他业务成本		
税金及附加		
销售费用		
管理费用		
财务费用		
资产减值损失		
营业外支出		
所得税费用		

业务 115-2

全年损益类账户发生额表

账户名称	借方发生额	贷方发生额
主营业务收入		
其他业务收入		
投资收益		
营业外收入		
主营业务成本		
其他业务成本		
税金及附加		
销售费用		
管理费用		
财务费用		
资产减值损失		
营业外支出		
所得税费用		

业务 116-1

所得税费用计算表

年　月　日

项　　　目	行次	金　　额	备　　注
税前会计利润	1		
调整增加：	2		
调整减少：	3		
应纳税所得额	4		
所得税率	5		
本期应交所得税	6		
递延所得税费用	7		
本期所得税费用	9		

审核：　　　　　　　　　　　　　　制单：

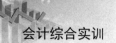

业务 116-2

企业所得税年度纳税申报表

税款所属期间：　　年　月　日至　　月　日

纳税人识别号：□□□□□□□□□□□□□□□　　金额单位：元(列至角分)

纳税人名称			
	行次	项　目	金　额
收入总额	1	销售(营业)收入(请填附表一)	
	2	投资收益(请填附表三)	
	3	投资转让净收入(请填附表三)	
	4	补贴收入	
	5	其它收入(请填附表一)	
	6	收入总额合计(1+2+3+4+5)	
扣除项目	7	销售(营业)成本(请填附表二)	
	8	主营业务税金及附加	
	9	期间费用(请填附表二)	
	10	投资转让成本(请填附表三)	
	11	其它扣除项目(请填附表二)	
	12	扣除项目合计(7+8+9+10+11)	
应纳税所得额的计算	13	纳税调整前所得(6-12)	
	14	加：纳税调整增加额(请填附表四)	
	15	减：纳税调整减少额(请填附表五)	
	16	纳税调整后所得(13+14-15)	
	17	减：弥补以前年度亏损(请填附表六)(17≤16)	
	18	减：免税所得(请填附表七)(18≤16-17)	
	19	加：应补税投资收益已缴所得税额	
	20	减：允许扣除的公益救济性捐款(请填附表八)	
	21	减：加计扣除额(请填附表九)(21≤16-17-18+19-20)	
	22	应纳税所得额(16-17-18+19-20-21)	
应纳所得税额的计算	23	适用税率	
	24	境内所得应纳所得税额(22×23)	
	25	减：境内投资所得抵免税额	
	26	加：境外所得应纳税所得额(请填附表十)	
	27	减：境外所得抵免税额(请填附表十)	
	28	境内、外所得抵免税额(24-25+26-27)	
	29	减：减免所得税额(请填附表七)	
	30	实际应纳所得税额(28-29)	
	31	汇总纳税成员企业就地预缴比例	
	32	汇总纳税成员企业就地应预缴的所得税额(30×31)	
	33	减：本期累计实际已预缴的所得税额	
	34	本期应补(退)的所得税额	
	35	附：上年应缴未缴本年入库所得税额	

　　纳税人声明：此纳税申报表是根据《中华人民共和国企业所得税暂行条例》及其实施细则和国家有关税收规定填报的，是真实的、完整的。

　　　　　　　　　　　　　　法定代表人(签字)　　　　　　　　　年　月　日

纳税人公章：	代理申报中介机构公章：	主管税务机关受理专用章：
经办人：	经办人执业证件号码：	受理人：
申报日期：　年　月　日	代理申报日期：　　年　月　日	受理日期：年　月　日

业务 117-1

董事会决议通知

财务部：

　　经董事会研究决定，按当年税后利润的 10%计提法定盈余公积，按 5%计提任意盈余公积，按可供分配利润的 80%向投资者分配利润(按投资者的持股比例分配)。

锦华丝绸服装有限公司董事会

2019 年 12 月 31 日

业务 117-2

利润分配计算表

年　月　日

项　　目	行次	分配比例	分配金额	备注
税后利润	1			
提取法定盈余公积	2			
提取任意盈余公积	3			
年初未分配利润	4			
可供向投资者分配利润	5			
向投资者分配	6			
其中：锦华集团	7			
李明光	8			
庞庆祥	9			
赵　红	10			

审核：　　　　　　　　　　制单：

业务 118-1

本年利润及利润分配账户结转表

年　月　日

总账科目	明细科目	余　　额	
		借　方	贷　方
本年利润			
利润分配			
	提取法定盈余公积		
	提取任意盈余公积		
	应付股利		

审核：　　　　　　　　　　制单：

业务 119-1

银行存款余额调节表

单位：　　　　　　　　　　年　月　日

项　目	金　额	项　目	金　额
企业银行存款月末余额		银行对账单上月末余额	
调节后的存款余额		调节后的存款余额	

业务 119-2

明细分类账本期发生额及余额表

单位：　　　　　　　　　　　　　　　年　月　日

科目名称	期初余额	本期发生额		期末余额
		借方	贷方	

续表

科目名称	期初余额	本期发生额		期末余额
		借方	贷方	

业务 119-3

总分类账户本期发生额及余额表

单位：　　　　　　　　　　　　　年　月　日

科目名称	期初余额		本期发生额		期末余额	
	借方	贷方	借方	贷方	借方	贷方

续表

科目名称	期初余额		本期发生额		期末余额	
	借 方	贷 方	借 方	贷 方	借 方	贷 方
合 计						

业务 119-4

资产负债表

会企01表

编制单位：　　　　　　　　　　　____年__月__日　　　　　　　　　　　单位：元

资　产	行次	期末余额	年初余额	负债及所有者权益（或股东权益）	行次	期末余额	年初余额
流动资产：	1			流动负债：	34		
货币资金	2			短期借款	35		
以公允价值计量且其变动计入当期损益的金融资产	3			以公允价值计量且其变动计入当期损益的金融负债	36		
应收票据	4			应付票据	37		
应收账款	5			应付账款	38		
预付款项	6			预收款项	39		
应收利息	7			应付职工薪酬	40		
应收股利	8			应交税费	41		
其他应收款	9			应付利息	42		
存货	10			应付股利	43		
一年内到期的非流动资产	11			其他应付款	44		
其他流动资产	12			一年内到期的非流动负债	45		
流动资产合计	13			其他流动负债	46		
非流动资产：	14			流动负债合计	47		
可供出售金融资产	15			非流动负债：	48		
持有至到期投资	16			长期借款	49		
长期应收款	17			应付债券	50		
长期股权投资	18			长期应付款	51		
投资性房地产	19			专项应付款	52		
固定资产	20			预计负债	53		
在建工程	21			递延所得税负债	54		
工程物资	22			其他非流动负债	55		
固定资产清理	23			非流动负债合计	56		
生产性生物资产	24			负债合计	57		
油气资产	25			所有者权益（或股东权益）：	58		
无形资产	26			实收资本（或股本）	59		
开发支出	27			资本公积	60		
商誉	28			减：库存股	61		
长期待摊费用	29			盈余公积	62		
递延所得税资产	30			未分配利润	63		
其他非流动资产	31			所有者权益合计	64		
非流动资产合计	32				65		
资产总计	33			负债及所有者权益（或股东权益）总计	66		

业务 119-5

利 润 表

会企 02 表

编制单位： ____年__月__日 单位：元

项　目	行次	本期金额	本期止累计金额
一、营业收入	1		
减：营业成本	2		
税金及附加	3		
销售费用	4		
管理费用	5		
财务费用	6		
资产减值损失	7		
加：公允价值变动收益(损失以"-"号填列)	8		
投资收益(损失以"-"号填列)	9		
其中：对联营企业和合营企业的投资收益	10		
二、营业利润(亏损以"-"号填列)	11		
加：营业外收入	12		
减：营业外支出	13		
其中：非流动资产处置损失	14		
三、利润总额(亏损总额以"-"号填列)	15		
减：所得税费用	16		
四、净利润(净亏损以"-"号填列)	17		
五、其他综合收益的税后净额	18		
(一)以后不能重分类进损益的其他综合收益	19		
(二)以后将重分类进损益的其他综合收益	20		
1.权益法下在被投资单位以后将重分类进损益的其他综合收益中享有的份额	21		
2.可供出售金融资产公允价值变动损益	22		
3.持有至到期投资重分类为可供出售金融资产损益	23		
六、综合收益总额	24		
七、每股收益：	25		
(一)基本每股收益	26		
(二)稀释每股收益	27		

业务 119-6

利 润 表

会企 02 表

编制单位： _____ 年度 　　　　　　　　　　　　　　　单位：元

项　　目	行次	本期金额	上期金额
一、营业收入	1		
减：营业成本	2		
税金及附加	3		
销售费用	4		
管理费用	5		
财务费用	6		
资产减值损失	7		
加：公允价值变动收益(损失以"-"号填列)	8		
投资收益(损失以"-"号填列)	9		
其中：对联营企业和合营企业的投资收益	10		
二、营业利润(亏损以"-"号填列)	11		
加：营业外收入	12		
减：营业外支出	13		
其中：非流动资产处置损失	14		
三、利润总额(亏损总额以"-"号填列)	15		
减：所得税费用	16		
四、净利润(净亏损以"-"号填列)	17		
五、其他综合收益的税后净额	18		
(一)以后不能重分类进损益的其他综合收益	19		
(二)以后将重分类进损益的其他综合收益	20		
1.权益法下在被投资单位以后将重分类进损益的其他综合收益中享有的份额	21		
2.可供出售金融资产公允价值变动损益	22		
3.持有至到期投资重分类为可供出售金融资产损益	23		
六、综合收益总额	24		
七、每股收益：	25		
(一)基本每股收益	26		
(二)稀释每股收益	27		

业务 119-7

现金流量表工作底稿
年　月　日

项　目	期初数	调整分录 借方	调整分录 贷方	期末数
一、资产负债表项目				
借方项目：货币资金				
交易性金融产资产				
应收票据				
应收帐款				
预付账款				
应收利息				
应收股利				
其他应收款				
存货				
可供出售金融资产				
持有至到期投资				
长期股权投资				
固定资产				
在建工程				
无形资产				
递延所得税资产				
借方项目合计				
贷方项目：短期借款				
应付票据				
应付账款				
应付职工薪酬				
应交税费				
应付利息				
应付股利				
其他应付款				
长期借款				
长期应付款				
预计负债				
未确认融资费用				
递延所得税负债				
实收资本				
资本公积				
盈余公积				
未分配利润				
贷方项目合计				

续表

项 目	期初数	调整分录		期末数
		借 方	借 方	
二、利润表项目				
营业收入				
营业成本				
税金及附加				
销售费用				
管理费用				
财务费用				
资产减值损失				
投资收益				
营业外收入				
营业外支出				
所得税费				
净利润				
三、现金流量表项目				
(一)经营活动产生的现金流量				
销售商品、提供劳务收到的现金				
收到的其他与经营活动有关的资金				
购买商品、接受劳务支付的现金				
支付给职工以及为职工支付的现金				
支付的各项税费				
支付其他与经营活动有关的现金				
(二)投资活动产生的现金流量				
收回投资收到的现金				
取得投资收益收到的现金				
处置固定、无形资产等收回的现金净额				
购建固定、无形资产等所支付的现金				
投资支付的现金				
支付其他与投资活动有关的现金				
(三)筹资活动所产生的现金流量				
吸收投资收到的现金				
取得借款收到的现金				
收到其他与筹资活动有关的现金				
偿还债务支付的现金				
分配股利、利润或偿付利息支付的现金				
支付其他与筹资活动有关的现金				
调整分录借贷合计				

业务 119-8

现 金 流 量 表

会企 03 表

编制单位：　　　　　　　　　　　　　　　　年　　月　　　　　　　　　　　　　单位：元

项　　目	行次	本期金额	上期金额
一、经营活动产生的现金流量：	1		
销售商品、提供劳务收到的现金	2		
收到的税费返还	3		
收到的其他与经营活动有关的资金	4		
经营活动现金流入小计	5		
购买商品、接受劳务支付的现金	6		
支付给职工以及为职工支付的现金	7		
支付的各项税费	8		
支付其他与经营活动有关的现金	9		
经营活动现金流出小计	10		
经营活动产生的现金流量净额	11		
二、投资活动产生的现金流量：	12		
收回投资收到的现金	13		
取得投资收益收到的现金	14		
处置固定资产、无形资产和其他长期资产收回的现金净额	15		
处置子公司及其他营业单位收到的现金净额	16		
收到其他与投资活动有关的现金	17		
投资活动现金流入小计	18		
购建固定资产、无形资产和其他长期资产所支付的现金	19		
投资支付的现金	20		
取得子公司及其他营业单位支付的现金净额	21		
支付其他与投资活动有关的现金	22		
投资活动现金流出小计	23		
投资活动产生的现金流量净额	24		
三、筹资活动所产生的现金流量：	25		
吸收投资收到的现金	26		
取得借款收到的现金	27		
收到其他与筹资活动有关的现金	28		
筹资活动现金流入小计	29		
偿还债务支付的现金	30		
分配股利、利润或偿付利息支付的现金	31		
支付其他与筹资活动有关的现金	32		
筹资活动现金流出小计	33		

续表

项目	行次	本期金额	上期金额
筹资活动产生的现金流量净额	34		
四、汇率变动对现金及现金等价物的影响	35		
五、现金及现金等价物净增加额	36		
加：期初现金及现金等价物余额	37		
六、期末现金及现金等价物余额	38		
补　充　资　料			
1.将净利润调节为经营活动现金流量：	39		
净利润	40		
加：资产减值准备	41		
固定资产折旧、油气资产折耗、生产性生物资产折旧	42		
无形资产摊销	43		
长期待摊费用摊销	44		
处置固定资产、无形资产和其他长期资产的损失(收益以"一"号填列)	45		
固定资产报废损失(收益以"一"号填列)	46		
公允价值变动损失(收益以"一"号填列)	47		
财务费用(收益以"一"号填列)	48		
投资损失(收益以"一"号填列)	49		
递延所得税资产减少(增加以"一"号填列)	50		
递延所得税负债增加(减少以"一"号填列)	51		
存货的减少(增加以"一"号填列)	52		
经营性应收项目的减少(增加以"一"号填列)	53		
经营性应付项目的增加(减少以"一"号填列)	54		
其他	55		
经营活动产生的现金流量净额	56		
2.不涉及现金收支的重大投资和筹资活动：	57		
债务转为资本	58		
一年内到期的可转换公司债券	59		
融资租入固定资产	60		
3.现金及现金等价物净变动情况：	61		
现金的期末余额	62		
减：现金的期初余额	63		
加：现金等价物的期末余额	64		
减：现金等价物的期初余额	65		
现金及现金等价物净增加额	66		

业务119-9

所有者权益变动表

编制单位：_____ 年度_____ 单位：元

会企04表

项 目	行次	本 年 金 额					上 年 金 额				
		实收资本	资本公积	减：库存股	盈余公积	未分配利润	所有者权益合计	实收资本	资本公积	减：库存股	盈余公积	未分配利润	所有者权益合计
一、上年年末余额	1												
加：会计政策变更	2												
前期差错更正	3												
二、本年年初余额	4												
三、本年增减变动金额（减少以"-"填列）	5												
（一）净利润	6												
（二）直接计入所有者权益的利得和损失	7												
1.可供出售金融资产公允价值变动净额	8												
2.权益法下被投资单位其他所有者权益变动的影响	9												
3.与计入所有者权益项目相关的所得税影响	10												
4.其他	11												
上述（一）和（二）小计	12												
（三）所有者投入和减少资本	13												
1.所有者投入资本	14												
2.股份支付计入所有者权益的金额	15												
3.其他	16												
（四）利润分配	17												
1.提取盈余公积	18												
2.对所有者（或股东）的分配	19												
3.其他	20												
（五）所有者权益内部结转	21												
1.资本公积转增资本（或股本）	22												
2.盈余公积转增资本（或股本）	23												
3.盈余公积弥补亏损	24												
4.其他	25												
四、本年年末余额	26												

业务 119-10

财务报告附注

1. 企业的基本情况

2. 财务报表的编制基础

3. 遵循企业会计准则的声明

4. 重要会计政策和会计估计

5．会计政策和会计估计变更以及差错更正的说明

6．报表重要项目的说明

7．其他需要说明的重要事

参 考 文 献

[1] 王秀芬. 会计综合实验教程[M]. 北京：清华大学出版社，2019.

[2] 王玮，杜俊娟. 会计综合模拟实训教程[M]. 北京：人民邮电出版社，2016.

[3] 刘敏坤，郑怀颖. 企业会计综合实验教程[M]. 大连：东北财经大学出版社，2019.

[4] 詹二妹. 会计综合模拟实训[M]. 上海：立信会计出版社，2014.

[5] 周莉，吴清泉，陈丽虹. 会计综合模拟实训[M]. 北京：人民邮电出版社，2016.

[6] 于晓红. 会计模拟实验[M]. 大连：东北财经大学出版社，2015.

[7] 黄芳. 会计模拟实验[M]. 大连：东北财经大学出版社，2015.

[8] 张宗强. 会计模拟实验教程[M]. 北京：北京大学出版社，2014.

[9] 李宽. 财务会计模拟实验[M]. 北京：中国财政经济出版社，2015.

[10] 潘煜双，杨火青，刘勇. 会计综合模拟实验教程[M]. 上海：立信会计出版社，2019.

[11] 刘平，张淑萍，刘晓辉，汪丽华. 会计模拟实验教程[M]. 北京：清华大学出版社，2012.

[12] 马春静. 审计模拟实验教程[M]. 北京：中国人民大学出版社，2013.